D1799353

エヴリデイ　ハルミ

Everyday Harumi　栗原はるみ

家族や友人のための日本のおかず

撮影／ジェイスン・ロウ

扶桑社

Contents

はじめに

私は料理家として働いていますが、主婦でいた頃の生活とはほとんど何も変わっていません。夫や家族、友人たちのために食事を用意し、家事をこなす毎日です。でも、仕事を通じて、多くの世界を旅し、たくさんの人たちに出会えた、そんな恵まれた環境を与えられたことに、とても感謝しています。

私が日本の食というものをずっと研究し続けてきたのも、日本という国、人、そして私にとってかけがえのない日本の料理というものを、外から見る機会を与えられたからだと思います。自分の国の文化を理解するためには、遠くから自分の国を眺め、他の国の人々からはどのように見えるのか、確かめてみたかったのです。

私にとって初めての本『Harumi's Japanese Cooking』と『Harumi's Japanese Home Cooking』の2冊は、日本の読者に向けて書いたレシピですが、この『Everyday Harumi』は、私の個人的な海外経験をもとにした本で、海外で日本食を作りたい人たちに向けて書きました。5年前の私では、そう簡単に作れなかったでしょうし、10年前の私なら、想像もつかなかったでしょう。

この本をどうして作りたくなったのか、それは、さまざまな旅をし、人と触れ合い、語学の勉強をしながら仕事を重ねるうちに、外国語と同じように、文化もそれぞれ違うのだ、ということを理解するようになったからだと思います。簡単に翻訳できる言葉もあれば、あれこれと説明しなければ理解してもらえないこともあります。料理についても同じことで、要となる食材や調味料を組み合わせることによりでき上がる日本食とは、どんなものなのか、またどうやって料理すればおいしくでき上がるのか、そういった日本食の源がわかるような本に仕上げたかったのです。

日本料理というのは本来、健康的な食事だと思います。他の国々の料理よりもさっぱりとしていて、低脂肪で、乳製品に関していえばほとんど使いません。ベジタリアン料理というわけではありませんが、料理の構成を全体的に見れば、野菜にとても重きを置いていることがわかります。旬の季節の野菜をいただくことも大切にしています。私はその季節、一番おいしい野菜はどれかしら、と楽しみながら野菜を選んでいます。ついつい1回の食事に、少なくとも1～2品の野菜料理を付け足してしまうことも。新鮮でおいしい野菜ならなおさらです。この本にも幅広い野菜のレシピを載せました。

日本の食事は、量もたいてい少なめで、太る心配があまりありません。痩せたいとお考えの方は、日本料理を取り入れて、量は少なめでも野菜のような優れた食材をたくさんとってください。野菜が多いこと、全体の食事の量が少ないこと。この2つは日本料理の大きな特色です。

この本にあるレシピの多くは、日本における普段の家庭料理です。一般

家庭の食卓に並ぶレパートリーを取りそろえています。シンプルなレシピを選んだのは、家庭で使うソースやドレッシング、調理方法を紹介するのにふさわしいと思ったからです。生まれて初めて目にするものばかりかもしれませんが、むずかしくて作れないことはないと思います。

　作り方にしても食べ方にしても、西洋料理とは違い、日本の料理は独特です。日本食の一番の特徴は、そのバラエティ豊かなところにあるのでは、と私は思っています。味や食感の違いを楽しむために、さまざまな献立を用意したくなります。こってりとした揚げものばかりの食事は作りませんし、かといって豆腐だけの淡白な献立を作ることもありません。バリエーションを極めていくのが料理の醍醐味でもあるのです。

　日本食は、味つけや材料も独特です。多くのレシピは、しょうゆ、みりん、だし、酒の組み合わせをベースとしていて、これらがなければ、本当の意味で和食の味を表現するのはむずかしいでしょう。私はこの本を英国で作りましたが、ここでは何が手に入るのかを調べながら、手早く作れる和食としてどんな料理がいいのか、考えながらレシピを作り上げていきました。でも、試作をしていくうちに、食材の違いによって、風味が変わってしまうことに気づき、味の新境地もありました。

　日本食は、盛りつけも大事です。工夫をこらし、丁寧に盛りつけることがおいしさへと近づきます。私は料理にぴったり合うように器を選んでいる時間が大好きです。私が作った料理を引き立ててくれるのは、どんなデザインかしら？　と考えながら選びます。盛りつける器は高価である必要はありませんが、食卓に並ぶ献立に合っていなければならないし、その場にふさわしいものでなくてはならないと思っています。それから料理に合

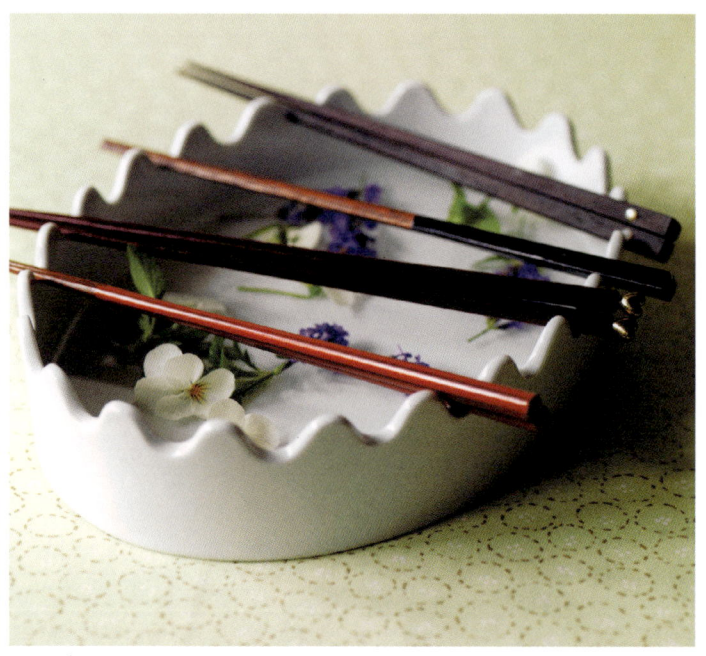

わせて飲みものを考える時間も、私は大好きです。料理といっしょに冷たい日本のビールを出すこともあれば、冷えた日本酒、焼酎にワインと、料理や季節に応じて準備します。

盛りつけは、ただ器を選べばいい、というだけではなく、料理自体がどのように見えるのか、ということも肝心です。私はいつも、食材をどうやって下ごしらえしようか、どのぐらいのサイズに切るべきかを、きちんと考えるようにしています。このことは、私たちが箸で食事をする文化であるがゆえ、食べやすくするのは、あたりまえのことですが、私は切り方ひとつで、食材の味も変わってくるのでは、と思っています。確かめてみたい方はぜひ、新鮮なしょうがをいろいろな切り方で味わってみてください。みじん切り、せん切り、薄切り、皮をむくだけなど。それぞれの風味の違いに驚くでしょう。

日本語では、食材の'切り方'を表す言葉がたくさんありますが、英語で同じような意味を表す言葉を探すのに、四苦八苦しました。実際、日本の書店で料理本のコーナーへ行けば、野菜や肉、魚のさまざまな切り方について解説したビギナー向けの本が見つかります。料理方法を翻訳するにあたって、切り方が苦労する分野のひとつだったのですが、同じように切りたい、と思われる方は、ぜひやってみてください。きっと和食を作るうえでの肝になると思います。

料理好きな人なら誰でもそうであるように、私もその土地の市場やスーパーをぶらぶらするのが大好きです。この本を作るにあたって、ロンドンに滞在していたときは、何軒ものスーパーや市場、食料品店などをまわり、何があるのかしら、とチェックしていくのは、とても楽しい経験でした。棚に並ぶものも日本とはまるで違います。新しい食材を試すことで新しいレシピも生まれ、私にとってとてもすばらしい機会となりました。

では、日本とは食材にどんな違いがあったのでしょう。明らかに違うのは、野菜の大きさです。例えばなすは、日本ではきゅうりほどの大きさ。こちらと比べるとはるかに小さいのです。また見ただけではわかりませんが、日本のにんじんやしょうがは、英国のものと比べるともっとやわらかく、切ったりすりおろしたりするのも簡単です。日本のきのこは種類が豊富なことも知っておいてください。一番の難点は、何といってもねぎでしょう。日本ではさまざまな種類のねぎがあるのですが、どんなにがんばっても日本のねぎをこちらで容易に手に入れることはできないようです。

肉もかなり違います。日本では脂ののった肉がよいとされています。脂があると、料理をしたときに味もよく、やわらかになるからです。日本では骨なしで皮つきの鶏もも肉がどこのスーパーにもありますし、鶏のひき肉も簡単に手に入ります。しかしロンドンではお肉屋さんに行き、特別に頼まなければならなかったぐらいです。

魚に関しては、驚きでした。ロンドンでは最高の魚を手に入れることができますし、なかでもサバはおすすめです。でも、日本で手に入るのと同じ種類の魚を手に入れることはむずかしく、特にお刺身に適した魚はなか

なかありませんでした。

　食べ物だけでなく、家での常備品、何を買っておくか、という習慣も、日本では違います。私が滞在先で、「冷蔵庫にはいつも何が入っていますか?」と聞いてまわったところ、その答えには驚きっぱなしでした。私がたいてい冷蔵庫に入れているのは、大根と豆腐と納豆ですが、英国ではブロッコリーとセロリが一般的なようでした。

　こうした海外と日本の溝は深いものです。もちろん料理だけの話ではありますが……。極端な例を挙げると、日本の食材でなければ、本物の和食は作れない、という人たちもいます。海外で働く日本人シェフのなかには、本物の和食を作るために日本から水を取り寄せる人もいる、と聞いたことすらあります。

　それは極端な例だと思いますし、家庭で日本食を作るのにそこまでやる必要があるとは、これっぽっちも思いません。日本という限られた国土のなかでも、産地によって、食材の出来は違うものだし、春夏秋冬、それぞれの季節でそのときに楽しめる旬の食材があるからです。

　どこで取れた食材であれ、自然の恵みに感謝し、よい食材を旬の季節にいただくべきだと思います。どんな日本食にもいえることだと思いますが、その食材にあったソースやドレッシングを使い、食材に必要な下ごしらえをしておくことが大事です。この本では、ごくベーシックな和食に近いレシピを多く取り上げています。シンプルな味つけや調理方法を知るだけで、きっとおいしい料理を作ることができると思います。ただし、和食を作るのには欠かせないアイテムがあり、それに関しては次のページで紹介しています。ぜひ、買いそろえて、冷蔵庫など、家のストックルームに常備することをおすすめします。その気になれば、すぐに和食が作れるものばかりです。

　時代が変わってきたとはいえ、日本の主婦たちは、今も家族の中心になって食事を作る、という役割を担っています。戸棚いっぱいに世界中の食材を詰め込んでいる日本の主婦たちこそ、実は世界一、有能な料理人ではないかと、私は思うのです。なぜって私たちは、今晩は和食、明日はチャイニーズ、明後日はイタリアン、タイ料理にする? とそんなふうに献立を自由に考えることができます。私たちは、世界中の料理を試してみることが大好きですし、いろいろな料理に対応できる食材をそろえているつもりです。心から食を愛する文化に生まれて、私は幸運だと思っています。おいしければ、どんなものだって、受け入れてしまうのですから!

　私は、世界中の人たちがこのように、日本食を受け入れてくれて「今晩は和食を食べたい気分ね、じゃあ、何を作る?」そんなふうに思って、手早く作ってくれたらいいな、そう考えています。この本のレシピはどれも我が家で作りたくなるようなものばかりです。あなたも"食品庫にそろえておきたいもの"(p.16参照)がそろっていれば、どのレシピだってすばやく簡単に作れるはずです。ぜひ私と同じくらい、料理を楽しんでほしいと願っています。

食品庫にそろえておきたいもの

それでは、始めるにあたって、何をそろえましょうか。私がこれは、必要不可欠、と思うものを挙げてみましょう。

日本米
日本のしょうゆ
みりん
削りガツオまたはだしの素
炒りごま
みそ
酒
米酢
そば、うどんなどの麺類
片栗粉
昆布
のり
わさび
生のしょうが／にんにく／砂糖

これさえあれば、本のなかにあるほとんどのソースやドレッシングを作ることができます。それに、毎日作る簡単な日本食を、バラエティ豊かに用意することができるはずです。多くの料理の基礎となるソースやドレッシングなので、作りおきして、冷蔵庫にストックしておけば、あとはレシピに沿うだけですむでしょう。

日本米

お米は日本の料理では中心となる食材です。日本人にとっては食事の最もたいせつな要素といえるでしょう。シンプルでありながら、深い味わいを持つ白いごはんは格別。長く海外を旅行していると、恋しくてたまりません。お米の味わいがわかってくると、産地によって風味が違ってくることや、収穫時期によっても品種によっても違ってくることまでわかるようになると思います。私はいつも献立を考えながら、どのお米を使うかも考えています。残念なことに海外では、そんなにたくさんの品種の日本米は手に入らないと思いますが、チャンスがあれば、今までに食べたことのない品種

にもぜひチャレンジしてみてください。

日本にとってお米とはとても特別なものです。いろいろな意味で日本の象徴ですし、和食の核となる食べ物です。日本以外の国では長粒米やバスマティ米が一般的ですが、日本の米は短粒米で、粘り気があります。つまりお箸で食べやすいお米なのです。

この本にあるレシピは、長粒米で作っていただけるものもありますが、長粒米では日本料理のほんとうの味わいにはなりませんので、質のよい日本米を手に入れていただきたいと思います。そして、正しいお米の炊き方もぜひマスターしてくださいね。

お米の炊き方

お米を炊くとき、私は火にかける前の準備にとても気を使っています。冷たい水でお米を完璧に研ぎ、入れる水を正確に量り、炊き上がるまでの時間と食卓に出す前に蒸らす時間まできっちり計算しています。この準備がとても大切なんです。
多くの日本人がお米を炊くのには炊飯器を使っていますが、私も家では炊飯器を使います。でも、炊飯器が自宅にあるとはかぎらない海外の方々には、お鍋でお米を炊く方法をご紹介しましょう。

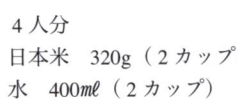

4人分
日本米　320g（2カップ）
水　400㎖（2カップ）

1．火にかける前に、米を洗う。ボウルに米を入れ、水を注ぎ、米の粒をそっとこすり合わせるようにして洗う。白く水が濁ってきたら、ボウルを傾け、水だけ捨てる。何度かこの作業を繰り返すうちに水は澄んでくる。
2．水が透明になってきたら、ざるにあげる。時間がなければすぐに次の手順に進むが、ざるにあげ、そのまま10〜15分おいておくことで、おいしい炊き上がりになる。
3．米を厚手の鍋に入れ、分量の水を注ぎ入れる。ふつう、米と同量の水を入れるが、少しやわらかめに炊き上げたい場合は、ほんの少し水を多めに入れ、鍋にふたをする。
4．鍋を加熱し、沸騰してきたら、火を弱くする。ぐつぐつと10〜12分ほど火にかけた後、火を止め、そのまま10分おく。この間、ふたを開けずにおいておく。
5．炊き上がった米を鍋肌から離すようにほぐす。あとで取り分けるように大きな器に盛るか、それぞれのお碗によそう。

削りガツオ

削りガツオとは、カツオという魚を乾燥させ、削ったフレーク状のものをいいます。日本料理の味わいを生み出す最大の要素であるだし汁の素となるのが、この削りガツオです。かつおぶしは、さまざまな料理の飾りや風

味づけにも使われます。日本でも、さまざまな大きさの袋に詰められた削りガツオが売られています。長く保存できる食品ですので、ぜひ数パック買って、食品庫に常備してください。

だし汁

日本料理で最も大切な素材といってもいいものが、よく取れただし汁です。どこでもインスタントのだしの素は買えますが、私はいつも自分でだしを取り、冷蔵庫にストックしています。しっかりと風味が効いただしが好みなので、大量の削りガツオを使いますが、かつおぶし独特の風味がたまりません。自分でだしを取る人たちは、たいてい「一番だし」と「二番だし」を取るようです。ふつう、一番だしは純粋にだしの風味を活かしたいときに使い、二番だしはほかにもいろいろ調味料を合わせる場合に使うとされていますが、これは削りガツオがまだ貴重で高価だった時代に、無駄にしないように工夫していた名残だと思います。私のレシピでは、特に指定がないかぎり、一番だしを使っています。

一番だし

水　1.2ℓ（6カップ）
昆布　10cm×2
削りガツオ　50g

1．大きめの鍋に分量の水を入れる。昆布の表面の余分な塩分や汚れを、ぬらしたふきんで拭き取るか、流水でさっと洗って乾いたふきんで拭き取ったら、水の中へ入れ、30分ほど浸しておく。
2．鍋を強火にかけ、沸騰する直前に昆布を取りだす。削りガツオを加え、もう一度沸騰させ、すぐに火を止める。
3．そのまま、削りガツオが鍋の底に沈むのを待つ。
4．ペーパータオルを敷いたざるにあげてこし、だし汁を取ったら、料理に使うまで冷蔵庫で保存する。二番だしを取る場合は、昆布、削りガツオは捨てずに取っておく。

二番だし

1．先ほど使った昆布と削りガツオを鍋に入れ、1.2ℓ（6カップ）の水を注ぐ。鍋を中火にかける。
2．沸騰する直前に昆布を取りだし、さらに3〜4分煮立てる。
3．ペーパータオルを敷いたざるにあげてこし、だし汁を取り、冷蔵庫で保存する。

このようにだし汁を取っておけば、冷蔵庫で2日、冷凍庫で1週間ほど保存できます。

酒

今では世界じゅうの国々で日本酒が買えるようになりました。世界的に知

られるようになったこのお米のワインは、ソースやマリネにとても重宝します。幅広い価格帯で売られていると思いますが、料理に使うのならどのお酒でも十分でしょう。それに、日本料理と一緒に飲むにはぴったりのお酒。温めても冷やしてもおいしいですよ。

日本のしょうゆ

日本人の日本びいきと思われたくはありませんが、日本料理のレシピには、どこの国のしょうゆより、日本のしょうゆがいちばんぴったりくると思います。しょうゆは大きいボトル——少なくとも500ml入りを買いましょう。そのほうが経済的だし、料理の途中でお店に走らなくてもすみますから！レシピのなかには「薄口しょうゆ」を使う、としているものもあります。私は色合いが薄いほうがいいと思うレシピでは、色の薄い「薄口しょうゆ」を使うようにしているのですが、手に入らないようなら、ふつうのしょうゆでも十分です。

みりん

たくさんのレシピにみりんが登場しますが、日本料理ではみりんが大活躍します。みりんとは、度数は低いながらもアルコール分を含んだ、甘みのある透明な液体調味料です。開封後も品質はあまり変わりません。みりんの代わりになるようなものも試したことはありますが、みりんほどの効果を生み出すことはむずかしいようです。ソースやドレッシングに甘みや味のまろやかさを生む、独特な調味料なのです。

炒りごま

日本ではどんなスーパーマーケットにも、何種類もの炒りごまや、ごまを使った製品が売られています。黒ごまに白ごま、粒のままのごまもあれば、すりごまもあって、ごまだれに、ごまドレッシング、ごまペースト——挙げたらきりがありません。日本料理の味つけにはとてもよく使われる食材で、私自身、ごまがとても好きで、よく使っています。私の母は、いつもごまペーストを自分で作るのですが、日本版の乳鉢である「すり鉢」で、ごまをすっている時間はとても幸せそうです。このすり鉢はとてもよくできた道具で、内側には一面、溝が掘られていて、簡単にごまをすりつぶせます。すり鉢といっしょに使われるすりこ木には、山椒という日本の木が昔から用いられています。

ごまも長持ちする食材なので、ぜひ戸棚に常備しておくことをおすすめします。けれど時間がたつと、よい香りも飛んでしまうので、早めに使うようにしてください。パッケージを開けたら、密閉容器に入れ替えて保存するとよいでしょう。ごまはできれば炒った状態で売られているものを探してみてください。日本にはごまを炒るための便利な調理器具があるのですが、海外で手に入れるのはむずかしいと思うので、炒る場合は小さな鍋で丁寧に弱火で炒ってください。とてもいい香りがしますよ。この本のレシピでは、炒っていないままのごまを使うことはありません。

みそ

発酵させた大豆から作るみそは、ソースやスープ、マリネなどに使えるすばらしい食材です。みなさんがよくご存じの日本のスープ、みそ汁のベースです。みそもまた、種類が豊富で、それぞれに特徴があります。この本では、ほとんどのレシピで「合わせみそ」と呼ばれるものを使っていますが、このタイプのみそは海外でも手に入りやすく、味についてもあまりクセがないと思います。プラスチックのカップに入った状態で売られていますが、保存は冷蔵庫で。

米酢

私も家には、バルサミコ酢やワインビネガーなど、さまざまな種類の酢をおいていますが、伝統的な日本料理となると、どうしても米酢が必要です。米酢は酸味がきつくなく、やわらかな風味で、すし用のすしめしを作るための合わせ酢にはちょうどいいのです。私は米酢を使ってオリジナルのピクルスを作ります。

麺

中国人やイタリア人と同じように、私たち日本人も麺が大好き。熱い麺料理もあれば、冷たい麺料理もありますし、炒めたり、ゆでたり、スープに入れたり、さまざまな料理方法があります。よく使う麺を2つあげるとすれば、そば粉で作った麺のそばと、それよりも少し太い、小麦粉で作ったうどんでしょう。たいてい、そばは乾麺で売られていますが、うどんは乾麺だけでなく、やわらかく使いやすい状態でもお店に並んでいます。

そうめんや春雨など、ほかにもさまざまな麺類がありますが、この本では基本的なこの2つ、そばとうどんを取り上げています。

豆腐

海外で豆腐に対して抵抗感を持っている人たちがいることを知り、私はびっくりしました。大豆から作られている豆腐はたくさんの料理に使いやすく、もっともすばらしい万能の食材だからです。海外で手に入る豆腐の問題点は、ずばりその品質です。ぜひ最良の豆腐を見つけてください。そうすれば、豆腐こそ最高の日本の食材だと、私も胸を張っておすすめできます。豆腐は2種類、やわらかい絹ごし豆腐と、しっかりした木綿豆腐がありますが、ほとんどのレシピで私が好んで使っているのは、やわらかい絹ごし豆腐です。

海外で新鮮な豆腐を見つけるのはむずかしいと思いますが、たぶん賞味期限の長い豆腐が見つかるのではないでしょうか。冷蔵庫で保存してください。海外で豆腐が敬遠されるもう一つの理由に、水きりの問題もあると思います。豆腐は水と一緒にパックされていますが、開封したら使う前に、中の水を捨てきってください。料理の前に豆腐の水きりが必要なレシピで

は、私は豆腐をペーパータオルで包み、ざるの上に30分から1時間ほどおいてから使うようにしています。

片栗粉

片栗粉はとても便利な食材です。コーンスターチや小麦粉よりも、つゆなどになめらかなとろみがつきますし、揚げものにまぶせば、気持ちいいぐらいにカラリと揚がります。この本にも取り上げた日本人がよく作るソースの一つ、「あんかけ」はこの片栗粉を使います。どう考えてみても、他の食材で作れるとは思えません。片栗粉が1袋あれば、だいぶもつと思いますので、ぜひ買っておいてください。

昆布

私たち日本人はありとあらゆる海藻を料理に使いますが、ちゃんとしただし汁を取るのにぜったいに欠かせないのが、この昆布。見た目からしても、まさに海藻のなかの海藻。長く、弾力があります。レシピに必要な長さに切れば、すぐ使えます。この本では5cm、10cmなどと書かれていると思いますので、昆布をそのサイズに切るだけです。使う前にはぬらしたふきんなどで拭くか、流水でさっと洗って乾いたふきんで拭き取るなどして、昆布の表面のほこりや、余分な塩分などを取り除いてください。

のり

多くの方たちにとって、のりはおなじみの食材なのではないでしょうか。すしロールに巻かれている海藻、あれがのりです。パリパリに乾燥させた海藻で、パッケージを開ければそのまま使うことができます。おにぎりやすしロールに巻いてもよし、小さくちぎって、料理の上に散らしてもよし。のりはすぐに湿気ってしまうので、パリパリの食感と風味を損なわないように、料理の最後の最後に使うようにしてください。乾燥した食材なので、戸棚で保存しておけば大丈夫です。けれど、パリパリしたのりを使えるように、早めに使うことを心がけ、残ったのりは密閉容器で保存することをおすすめします。冷凍庫で保存してもよいでしょう。

わさび

すしを食べたことがある方なら、だれでもご存じだと思います。生魚の下には欠かさず塗られているツンとした緑色のペースト、わさびです。日本のホースラディッシュ、わさびの主な産地は、私の故郷である伊豆半島。きれいなせせらぎの中で育つ植物です。ちゃんとしたすしレストランでは、サメの皮を使ってわさびをすりおろしている光景が見られると思いますが、最近では、チューブ入りのわさびペーストや、粉末状のわさびを使う日本人がほとんどです。生のわさびを手に入れる機会があったら、みなさんにぜひ味わっていただきたい！ スーパーマーケットで売られているチューブ入りわさびとは、まったく違う風味に驚くでしょう。そして気をつけていただきたいのが、わさびの使いすぎです。わさびはほんのりと辛みを感じさせるためのものなので、料理の味わいを殺してしまうほど大量に使う

のはやめてくださいね。

七味唐辛子

七味唐辛子は、山椒や唐辛子など7種類の香辛料を混ぜ合わせた、粉状の辛い調味料です。私たち日本人がよく使う調味料で、焼いた肉や魚、スープなどに振りかけます。ただ辛いだけでなく、風味も楽しめますので、いつでも使えるようにお手元においておくことをおすすめします。

しょうが、にんにく、砂糖

みなさんよくご存じのしょうが、にんにく、砂糖ですが、日本料理に欠かせない食材リストにも入れたいと思います。日本料理では、生のしょうがをたくさん使います。私も大好きな食材です。手ごろな大きさのしょうがをキッチンに用意しておけばいつでも使えますし、いろいろな料理に足すこともできます。にんにくもよく使われる食材なので、やはり新鮮なにんにくをまるごと1個常備しておくことをおすすめします。砂糖は、日本料理の基本的な調味料で欠かすことはできませんが、ふしぎなことに海外で味わう砂糖と日本の砂糖は、微妙に味に違いがあるように思います。砂糖の使用量は少なめな量から試してみて、ご自分の舌に合う味を探してください。日本でも地方によって砂糖の使用量に大きな違いがあるぐらいですから。料理に含まれる甘みが欲求を満たしてくれるので、脂肪分たっぷりのデザートをパスするきっかけにもなるはず! 見ていただければわかると思いますが、多くの日本人がスリムで健康的なのは、そのおかげ。砂糖を料理に使うなんて健康によくないと思われるかもしれませんが、日本料理のようにバラエティ豊かに、少しずついろいろな物を食べることで、とてもバランスのとれた食生活を手に入れられるのです。

ソースとドレッシング

私の本でとても好評だった本に、さまざまなソースやドレッシングのレシピを集めたものがありました。日本料理では欠かせない大切な要素なのです。今までに挙げてきたエッセンスとなる食材に加え、これからお教えするソースやドレッシングも、ぜひ作りおきして冷蔵庫にストックしてほしいと思います。

まず、しょうゆがベースのソースのレシピを3つ。この本にあるレシピの多くで使われるソースです。

万能しょうゆ

私はさまざまな味を試してみることが大好きで、この万能しょうゆを編みだしたのは息子がまだとても小さかったころでした。息子の大好きな"納豆"にぴったりな、少し甘くてやわらかい味のしょうゆはできないかと思ったのです。納豆とは、大豆を発酵させた日本独特の食品で、日本人以外の人の口には、なかなかチャレンジが必要な味だとされています。

このソースは、みりんと昆布のおかげで普通のしょうゆよりもずっとまろやかになっていて、いろいろなレシピに使えます。私はよく作りおきして、ふだんの料理にすぐ使えるように冷蔵庫に常備しています。

みりん　100㎖（½カップ）
しょうゆ　300㎖（1½カップ）
昆布　10cm

1．鍋にみりんを入れて火にかけ、みりんが煮立ったら火を弱める。弱火に2〜3分かけてアルコール分をとばす。
2．鍋を火からおろし、しょうゆを加える。
3．昆布の表面の余分な塩分などを湿らせたふきんで拭き取るか、流水でさっと洗って乾いたふきんで拭き取ったら、鍋に加える。
4．そのまま2時間ほどおいてから、昆布を取り除き、冷蔵庫に入れる。3週間ほど保存可能。

めんつゆ

昔からあるこのソースにはいろいろな作り方がありますが、これが一番簡単なレシピではないでしょうか。いったん作って冷蔵庫に保存しておけば、いろいろな日本料理に利用できます。本来の目的であるそばやうどんの麺類のソースとして使えるのはもちろん、私のレシピにあるような、"ミックス野菜の揚げびたし"（P.184）など、最近ならではの使い方もあります。

昆布　10cm×2
水　800㎖（4カップ）
しょうゆ　300㎖（1½カップ）
みりん　200㎖（1カップ）
砂糖　50g
削りガツオ　50g

1．昆布の表面の余分な塩分や汚れを湿らせたふきんで拭き取るか、流水でさっと洗って乾いた布で拭き取ったら、大きな鍋に入れた水の中に30分から1時間ほど浸しておく。
2．昆布と水が入った鍋に、しょうゆ、みりん、砂糖を加え、火にかける。
3．沸騰する直前に、削りガツオを加える。
4．2〜3分煮立てたら、火からおろし、ざるにあげてこす。
5．容器に入れて、冷蔵庫で1週間保存可能。

次に挙げるソースは、サラダのドレッシングとしても使え、ローストビーフのサラダなどにぴったりです。

ポン酢じょうゆ

日本では、ポン酢じょうゆに最も適したゆずやすだち、かぼすなど、さまざまな柑きつ類が豊富に手に入ります。ここではレモン果汁のさわやかな

香りが特徴のポン酢じょうゆのレシピをご紹介します。いろいろな食材に合いますが、なかでも魚介類のおいしさを引き立ててくれるソースです。私はいつも冷蔵庫に1ビン、作りおきをしています。ライム果汁でも作ることができるレシピです。

みりん　100㎖（½カップ）
しょうゆ　100㎖（½カップ）
レモン汁　60㎖（大さじ4）
昆布　5cm

1．小さな鍋にみりんを入れて沸騰させてから、弱火で2〜3分、アルコール分をとばしたら、火からおろす。
2．しょうゆとレモン汁を加える。表面の余分な塩分や汚れをぬらしたふきんで拭き取るか、流水でさっと洗って拭き取った昆布も加える。
3．完全に冷めてから昆布を取り出し、冷蔵庫に入れる。1週間保存可能。

次にご紹介する2種類のソースは、やはり欠かせない食材のごまとみそを使います。

先に説明したように、ごまはおいしいソースのベースとなってくれます。日本料理では、このすばらしい食材をとてもよく使います。日本にいれば、かんたんに既製のごまソースを買うこともできますが、私は自分で手作りするのが好き。一年中ごまソースを作っては、ビンに詰めて冷蔵庫で保存しています。ラベルも貼っておけば、いつ作ったのか、どのビンから使えばいいのかがひとめで分かります。いろいろなレシピで使えるし、そのままでももちろん、だし汁や甘酢をひとたらし加えれば、よりサラダドレッシングらしくなり、使いやすくなります。

ごまソース

炒りごま　150g
しょうゆ　100㎖（½カップ）
砂糖　80g

1．すり鉢に炒りごま100gを入れ、ねっとりとしたペースト状になるまですりつぶす。
2．すりつぶしたごまを別のボウルにあけ、しょうゆ、砂糖を加え、よく混ぜる。
3．残りのごま50gを軽くする。①のごまほど、すりつぶさないように注意すること。
4．③のごまを、②のボウルに加え、よく混ぜ合わせる。
5．容器に入れて、冷蔵庫で2〜3週間保存できる。それ以上たつと、濃厚な風味が失われてしまうので、急いで使い切ること。

みそソース

これは軽やかな味わいで、とてもお手軽なソースです。肉や魚のマリネに

も使えますし、スープに加えたり、炒めものに使ったり、生野菜のディップとして使ってもいいでしょう。少量の甘酢やマヨネーズと混ぜ合わせれば、またさまざまに使えるドレッシングに早変わり。日本酒とみりんが、ソースに豊かな味わいを生んでいるのだと思います。

合わせみそ　400g
酒　100㎖（½カップ）
みりん　200㎖（1カップ）
砂糖　80〜100g

1．すべての材料を鍋に入れて混ぜ合わせ、中火にかける。
2．煮立ってきたら、弱火にする。
3．焦げないようにかき混ぜながら煮詰める。20分ほどで火からおろす。
4．完全に冷めたら容器に入れ、冷蔵庫で2〜3週間保存可能。

甘酢

私のソースやドレッシングのレシピに多く登場する甘酢ですが、みりんを使った甘酢と、使わない甘酢を用意しておくと、とても便利です。甘酢はいろいろな料理に使えますが、主に使うのはピクルス作りのとき。他の国々のピクルス用の酢ほど酸味がきつくなく、まろやかです。

甘酢が必要なレシピを作るとき、私はその料理に一番合う甘酢を使うようにしています。すし用のすしめしを作る場合は、少し塩を足すとよいでしょう。

甘酢（みりん入り）

みりん　200㎖（1カップ）
米酢　200㎖（1カップ）
砂糖　大さじ2〜3
塩　小さじ2

1．小鍋にみりんを入れ、火にかける。沸騰したら火を弱め、3分煮立てたあと、火からおろす。
2．①に米酢、砂糖、塩を順番に入れ、砂糖と塩が完全に溶けるまで、かき混ぜる。
3．容器に入れ、冷蔵庫で3〜4週間保存可能。

甘酢（みりんなし）

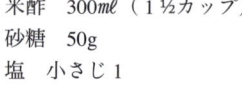

米酢　300㎖（1½カップ）
砂糖　50g
塩　小さじ1

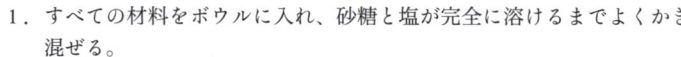

1．すべての材料をボウルに入れ、砂糖と塩が完全に溶けるまでよくかき混ぜる。
2．容器に入れ、冷蔵庫で3〜4週間保存可能。

私が楽しんで料理しているこれらのレシピを、みなさんも同じように楽しんで料理していただけたらと思います。この本はきっと、バラエティ豊かな日本料理を作り、日本の料理方法を理解するための、とても大切な基盤となってくれると思います。いろいろ経験してわかったことですが、日本料理に取り組むということは、新しい言語を一つ覚えるのに似ています。時にはむずかしいと思いながら、食材や調理法の新しい「語彙」を学んでいくことでしょう。ストレスも感じるかもしれませんが、うまく料理ができて、友人や家族があなたの料理をおいしく食べてくれたとき、あなたは大きな喜びを感じるはずです。

私の自慢のバーベキューソースです。何回も試作を重ねておいしい味になりました。どんな肉にも合いますが、とくに牛肉がおすすめです。肉をソースにつけて焼き、焼き上がってからもう一度ソースをからめると、いっそうおいしくなります。1年中このソースを使って楽しんでいます。

はるみ流バーベキューソース

材料

〈バーベキューソース500mℓ分〉
赤ワイン　100mℓ（½カップ）
はちみつ　大さじ2
砂糖　70g
しょうゆ　200mℓ（1カップ）
合わせみそ　大さじ1
りんご（すりおろす）　60g
玉ねぎ（すりおろす）　60g
にんにく（すりおろす）大さじ2
しょうが（すりおろす）大さじ1
ごま油　大さじ1〜2
すりごま　大さじ3

作り方

1　小鍋に赤ワインを入れて火にかける。沸騰してきたら、弱火にして1分ほどアルコールをとばす。
2　①にはちみつ、砂糖、しょうゆ、みそを加えて混ぜる。ひと煮立ちして砂糖が溶けたら火からおろす。
3　冷ましてから、すりおろしたりんご、玉ねぎ、にんにく、しょうが、ごま油とすりごまを順に加えて混ぜる。ひと晩ねかせて味をなじませると、いちだんとおいしくなる。
4　冷蔵庫に入れれば10日間は保存可能。

シャキシャキッとした野菜のせん切りとおいしく下味をつけた牛肉で作る、あっさりとした椀ものです。牛肉は調理する10分ほど前に、たれに漬け込むほうがおいしく仕上がります。牛肉の味を引き立ててくれるこの調味料の使い方を私はとても気に入っています。野菜を鍋に入れるのはお椀に盛りつける直前にしてください。火を通しすぎないのがポイントです。シャキシャキしたせん切り野菜と、しっかりと下味をつけた牛肉はとても相性のよい組み合わせです。七味唐辛子を加えるとさらにおいしくいただけます。肉を漬け込んだ調味料が、そのままおつゆの味つけになりますので、初心者の方でもとても簡単に作れると思います。最後に味をみて、必要だったら塩を加えてください。

牛肉とせん切り野菜のお椀

材料（4人分）

牛薄切り肉　200g
しょうゆ　60〜75ml（大さじ4〜5）
酒　大さじ1
みりん　大さじ1〜2
砂糖　大さじ1〜2
こしょう　適量

〈スープ〉
にんじん　50g
セロリ　70g
クレソン　20g
しょうが　20g
だし汁　1.2ℓ（6カップ・p.19参照）
塩　適量
七味唐辛子　適宜

作り方

1　牛肉に下味をつける。牛肉を4〜5cm長さの細切りにしてボウルに入れ、しょうゆ、酒、みりん、砂糖を加える。よく混ぜてこしょうをふって、10分ほどおく。
2　にんじんは6cmの長さにせん切りする。
3　セロリは筋を取って、同じく6cm長さのせん切りにする。
4　クレソンはかたいところを取り除き、4等分にざく切りする。
5　しょうがは皮をむいてせん切りにする。
6　大きめの鍋にだし汁を入れて中火にかける。煮立ったら牛肉をたれごと入れる。アクを取る。
7　にんじん、セロリ、しょうが、クレソンの順に野菜を入れて、塩で味をつける。1〜2分温める。このとき、野菜に火を通しすぎないように気をつけること。食べるときに野菜のシャキシャキ感が残っているようにする。
8　好みで七味唐辛子を軽くふる。

日本では、みそ漬けにした肉はどこのスーパーでも売られていますが、私は自分でみそ漬けを作ります。このレシピでは、ほのかに甘みのある、マイルドな味つけにしていますが、いろいろ試してみて、好みの味を見つけてください。このみそソースは、肉類、魚類、そして野菜など、いろいろなものに使えます。新鮮な食材に薄くのばしたら、ラップで包んで1〜2日間冷蔵庫でねかせるのが理想的。みその繊細な風味が食材にしみ込みます。このみそソースは容器に入れて、冷蔵庫で3週間まで保存できます。

牛肉のみそ漬けステーキ

材料（4人分）

牛サーロイン肉(ステーキ用・
　厚さ2㎝)　4枚
じゃがいも、グリーンアスパラ
　ガス、玉ねぎ、わさび　各適量

〈みそソース〉
合わせみそ　400g
酒　100㎖（½カップ）
みりん　200㎖（1カップ）
砂糖　80〜100g

作り方

1 みそソースを作る。材料をすべて混ぜ合わせて鍋に入れ、中火にかけて温める。

2 ふつふついってきたら火を弱め、焦げないようにかき混ぜながら弱火で20分ほど煮つめる。

3 肉の下ごしらえをする。みそソース大さじ2を、肉の両面によくのばしてラップで包む。冷蔵庫で半日から1晩ねかせる。

4 早めに冷蔵庫から出して室温まで戻しておく。肉についたみそはヘラで取り除く。あらかじめ温めておいたグリルに肉をのせ、両面に手早く焼き色をつけ、火を弱めて好みの焼き加減まで火を通す（フライパンで焼いてもよい）。

5 ④の肉を食べやすいようにそぎ切りにし、じゃがいも、グリーンアスパラガス、玉ねぎの焼き野菜とともに盛りつけ、わさびを添えて、食卓に出す。

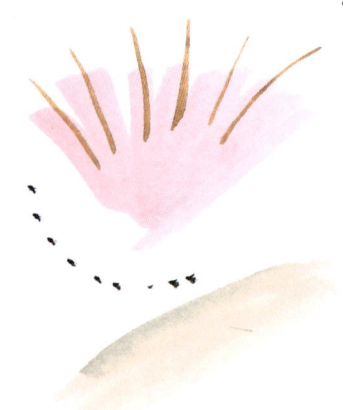

食感と味の組み合わせが抜群のサラダです。このドレッシングはほかのサラダにも応用できますし、好みの味にアレンジするのも簡単です。鶏肉を細くさくと軽くふんわり仕上がりますので、手間をかけるかいはあります。私は、この料理を作るときには鶏肉を多めに用意してさいておき、使わない分を冷凍しておくことにしています。サラダやスープにとても重宝します。

チキンとセロリのサラダ

材料（4人分）

セロリ　300g
鶏ささみ　300g
にんにく（すりおろす）小さじ½
薄口しょうゆ　大さじ1〜2
こしょう　適量

〈ドレッシング〉
マヨネーズ　100g
顆粒鶏ガラスープ　大さじ1
白ワイン　大さじ1〜2
薄口しょうゆ　適量
わさび　適量
塩・こしょう　各少し

作り方

1　セロリは筋を取る。5cm長さのせん切りにして、氷水に2〜3分さらす。パリッとしたら、水気をきっておく。
2　ささみは筋を取り除き、にんにくを入れた薄口しょうゆに5〜6分漬け込んで下味をつける。
3　フッ素樹脂加工のフライパンで鶏肉をソテーする。ふつうのフライパンを使う場合は、油少しを入れる。
4　鶏肉が冷めたら、手で細くさいてセロリと混ぜる。
5　ドレッシングを作る。マヨネーズと顆粒鶏がらスープ、白ワインを混ぜてから、お好みで薄口しょうゆとわさびを加え、塩とこしょうで味を調える。
6　鶏肉とセロリにドレッシングをからませてから皿に盛る。こしょうをふって食卓に出す。このサラダは、なるべくふんわりと高く盛りつけるのがポイント。

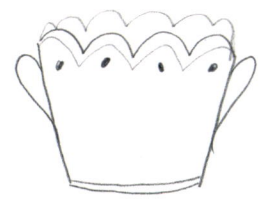

このレシピを見ると父のことを思い出します。鶏肉は好きじゃない、と言っていたので、私が父のためにこの料理を考えつきました。やがてこれは父のお気に入り料理となり、私は父の喜ぶ様子を見るのが好きでした。この料理は、日本のみなさんにも人気の料理です。雑誌で初めてこのレシピを紹介したのはもう20年以上も前ですが、いまだにこの料理への思いは、つきることがありません。カリッと揚がったチキンにねぎソースという組み合わせ。このおいしさをあなたにもぜひ味わっていただきたいです。

揚げ鶏のねぎソース

材料（4人分）

鶏もも肉　500g
しょうゆ　大さじ½
酒　大さじ½
片栗粉　適量
揚げ油　適量

〈ねぎソース〉
長ねぎ　½本〜1本
サラダ油　大さじ½
赤唐辛子　1本（種を取り、粗
　　く刻む）
しょうゆ　100ml（½カップ）
酒　大さじ1
米酢　30ml（大さじ2）
砂糖　大さじ1½

作り方

1　ねぎソースを作る。ナイフの先端で長ねぎを適宜刺してから、細かく切っていく。こうするとみじん切りにしやすい。

2　ボウルにしょうゆ、酒、米酢、砂糖を入れ、混ぜ合わせておく。

3　小さめのフライパンに油を熱し、長ねぎのみじん切りと赤唐辛子を軽く炒める。②の調味料を加え、温まったら火を止める。

4　鶏肉の皮目にフォークで何か所か穴をあけ、大きい場合には半分に切り、しょうゆと酒を合わせた中に5分ほど漬けておく。

5　下味がついた鶏肉に、全体にたっぷりと片栗粉をまぶす。

6　おいしく仕上げるには、鶏肉を室温程度にしてから揚げること。

7　中温よりやや高めの油で揚げるが、鶏肉の中身には十分火が通り、かつ外側はカリッとなるよう注意する。

8　こんがりとしたきつね色になったら油をきり、いただく直前に食べやすい大きさに切る。器に盛りつけ、ねぎソースを全体にかける。

フライドチキンは世界中で人気のあるメニューですが、レシピには国によって個性があります。私は西洋のフライドチキンも、アジアのフライドチキンも大好きです。このレシピはシンプルなので、はじめて日本風のフライドチキンを作る方にちょうどよいと思います。あなたも、ご家族も、お友だちも、この小さなごちそうをびっくりするくらいたくさん食べることでしょう。

鶏のから揚げ

材料（4人分）

鶏もも肉　600g
にんにくしょうがじょうゆ　大さじ2（材料は下記参照）
片栗粉　80g
小麦粉　40g
揚げ油　適量
レモンまたはライム・七味唐辛子・マヨネーズ　各適量

〈にんにくしょうがじょうゆ〉
しょうゆ　200㎖（1カップ）
にんにく　20g
しょうが　40g

作り方

1　にんにくしょうがじょうゆを作る。にんにくとしょうがは皮をむき、薄切りにしてしょうゆに入れる。半日ねかせると味に深みが出る。

2　鶏肉は食べやすい大きさに小さく切る。①のにんにくしょうがじょうゆをまんべんなくからめて5〜10分漬け、たれを十分吸収させる。

3　片栗粉と小麦粉を混ぜ、鶏肉1切れずつにしっかり粉をつけてから、高温の油で揚げる。

4　きつね色にカリッと揚がったら、揚げもの受けの網やペーパータオルなどにあげて余分な油を吸い取る。

5　1つずつ楊枝を刺して、レモン、七味唐辛子、マヨネーズを添えて出す。

子どもから大人まで人気のやきとりは、おもてなし料理に最適。とくに、お天気がよい日のバーベキューにはうってつけです。鶏の串焼きはお酒のおつまみとして出される場合が多く、日本では居酒屋の定番メニューです。作り方はいろいろ。塩とこしょうだけの味つけもありますが、私は特製照り焼きソースでいただくのが好きです。牛肉、豚肉、鮭などさまざまな材料に使えますから、ぜひ一度お試しください。本当においしいですよ。

やきとり

材料（串焼き12本分）

鶏もも肉　500g
長ねぎ　6本
竹串　12本
サラダ油　適量
照り焼きソース　100mℓ（½カップ・材料は下記参照）
塩・こしょう　各少し

〈照り焼きソース〉
しょうゆ　100mℓ（½カップ）
みりん　100mℓ（½カップ）
砂糖　大さじ4

作り方

1　照り焼きソースを作る。小鍋にしょうゆ、みりん、砂糖を入れて火にかけ、煮立ったら弱火で約20分、ゆっくりと加熱する。アクが出たらすくり取り、とろりとなるまで煮つめる。

2　鶏肉を4cm角に切る。長ねぎを洗い、水気をきってから4cm長さに切る。竹串は、調理中に焦げつかないよう、しばらく水に浸しておく。

3　鶏肉と長ねぎを、竹串に交互に刺していく。

4　フライパンに油少々をひき、十分に熱したら③で刺した竹串を入れ、きれいな焼き色をつけ、中まで火を通す。または網焼きで調理してもよい。

5　鶏肉と長ねぎの串焼きができ上がったら、照り焼きソースをからめるか、または塩、こしょうをふりかけ、大皿に盛りつける。

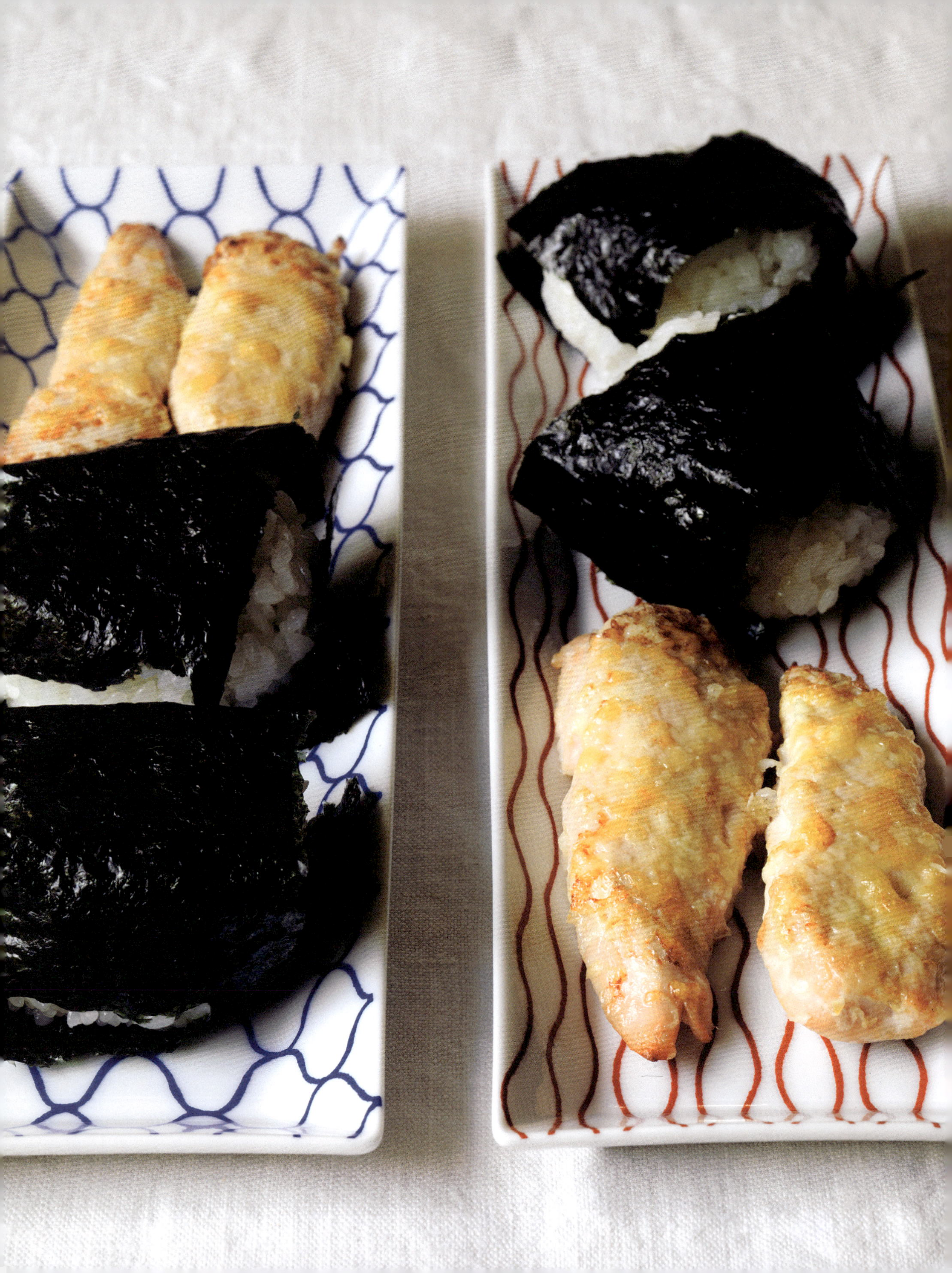

鶏肉が大好きな娘のお弁当によく作った料理です。ささみを使った料理はヘルシーで調理も簡単で、すぐにできますし、熱くても冷たくてもおいしくいただけます。これならオーブントースターで作れますから、とても便利な一品です。

鶏のささみマヨネーズ焼き

材料（2〜4人分）

鶏のささみ　4本
薄口しょうゆ　小さじ½
にんにく（すりおろす）　少し
マヨネーズ　大さじ2
パルメザンチーズ　大さじ4

作り方

1　ささみは筋を取って皿に並べ、薄口しょうゆとにんにくを合わせ、2〜3分漬けておく。
2　クッキングペーパーを敷いた受け皿にささみをのせ、マヨネーズを均一にぬってから、パルメザンチーズをふる。
3　230℃に熱しておいたオーブンで、焦げ目がつくまで7〜8分焼く。
4　のりで巻いたおにぎりとともに食卓に出す。

みんなで食卓を囲むとき、雰囲気を盛り上げるのにうってつけのレシピというのがあります。おいしいだけではなくて、みんなが楽しい気分になれるような料理。この煮豚のクレープ包みも、まさにそんな一品です。この料理を前にすると、初めて会った人同士でもすぐに打ちとけて、わいわい言いながら食べはじめるのです。老若男女に人気があり、前もって準備できるので、私も食卓の輪に加われるところが気に入っています。煮豚の代わりに鶏のから揚げを使うこともありますが、こちらも人気があります。

煮豚のクレープ包み

材料（4〜6人分）

〈煮豚〉
豚肩ロース肉(塊)　800g
サラダ油　少し
しょうゆ　100ml(½カップ)
酒　50ml(¼カップ)
砂糖　大さじ1
水　適量
長ねぎの青い部分　1本分
しょうが　1片
ゆで卵　4個(殻をむく)

〈クレープ〉
小麦粉　100g
砂糖　小さじ1
塩　少し
水　200ml(1カップ)
サラダ油　適量

きゅうり　1本(せん切り)
長ねぎ　2本(せん切り・水に
　さらした後、水気をきる)
市販のミックスサラダリーフ
　小1パック
ミント・クレソン・バジル・香
　菜　各適量
みそソース(p.27参照)　適量

作り方

1　煮豚を作る。早く火を通すために、塊肉は半分に切る。

2　厚手の深鍋にサラダ油をひき、中火にかける。豚肉を入れ、表面に焼き色をつける。余分な脂はペーパータオルで拭き取る。

3　しょうゆ、酒、砂糖を加え、豚肉がかぶるくらいまで水を注ぐ。長ねぎの青い部分、皮をむいてつぶしたしょうがを加える。

4　火を強め、数分間煮立てたらアクを取り、弱火にして、落としぶたをする。ときどき肉をひっくり返しながら、約1時間煮込む。45分ほど煮込んだところで、ゆで卵を加える。

5　クレープを作る。ボウルに小麦粉、砂糖、塩、分量の水を混ぜ合わせ、サラダ油大さじ1を加えて数分間ねかせておく。

6　フッ素樹脂加工のフライパンにサラダ油少しを熱し、⑤のたねを少し流し込んでクレープを焼く。この分量で10〜12枚分。

7　豚肉に火が通り、煮汁が少なくなってきたら火を止め、卵を取り出して半分にする。豚肉も取り出して食べやすい厚さにスライスする。

8　スライスした豚肉、半分に切った卵、クレープを皿にならべ、せん切りのきゅうり、長ねぎ、ミックスサラダリーフ、ハーブなどの具をあしらって、見た目もおいしそうに盛りつける。

9　めいめいが好きな具を取ってクレープに包み、自分のオリジナル・ラップを作り、みそソースをつけていただく。

つくねとは、ひき肉をこねて丸めたもののことで、和風ミニハンバーグといったところでしょうか。日本で売られているひき肉といえば、ふつう豚肉と牛肉の合いびきを指しますが、このレシピはどんな種類のひき肉でも作れます。玉ねぎや長ねぎ、にんじん、しいたけ、セロリなどをみじん切りにして混ぜれば、野菜をとり入れることもできます。味つけは、照り焼きソースでも、みそだれでも、塩とこしょうだけでもおいしくいただけます。つくねは写真のような丸い形だけでなく、ソーセージ状に長細く作ることもできます。家族みんなに人気がある、とても便利なおかずです。

つくねの照り焼き

材料（4人分）

ひき肉　300g
卵　1個
小麦粉　大さじ2
玉ねぎ（皮をむく）　130g
セロリ　60g
塩・こしょう　各少し
バジルの葉　5〜6枚
サラダ油　少し
七味唐辛子　適量
粉山椒　適量
すだちまたはレモン汁　各適量

〈照り焼きソース〉
しょうゆ　100mℓ（½カップ）
みりん　100mℓ（½カップ）
砂糖　大さじ4

作り方

1　照り焼きソースを作る。しょうゆ、みりん、砂糖を鍋に入れ、煮立つまでゆっくり温める。砂糖が溶けたら弱火にして20分程度煮つめる。アクが出たらすくい取り、とろりとなるまで煮つめる。

2　つくねを作る。玉ねぎを粗みじんに刻む。セロリの筋を取り、同様に粗みじん切りにする。

3　ひき肉、卵、小麦粉、②の玉ねぎとセロリ、塩、こしょうをボウルに入れ、粘りが出るまでよくこねる。最後にバジルを小さくちぎって混ぜる。バジルは色が変わらないようにするため、最後に入れることが大切。これを丸い形にまとめる。

4　フッ素樹脂加工のフライパンに油をひき、熱する。③のつくねを入れ、両面がきつね色になるまで焼く。

5　つくねが焼けたら熱いうちに①の照り焼きソースをからめる。食べやすいようにつくねを2個ずつ竹串に刺し、お好みで七味唐辛子、粉山椒、すだちかレモン汁などをふりかけていただく。

とんかつは、みんなが大好きなおかずですが、とりわけ男性に人気です。日本では常に男性の好きな料理ランキングの上位に入っています。とんかつの一番おいしい食べ方は、シャキシャキのキャベツのせん切りと、揚げ立てのあつあつのとんかつをいただくこと。私は、細かいせん切りにしたキャベツを氷水に放って、キャベツのシャキシャキ感を出すようにしています。人気のメニューなので、作るときはいつも、いろいろな大きさのとんかつを余分に作って、揚げる前の状態で冷凍保存するようにしています。こうしておくと、料理する時間がないときや、食卓を囲む人数が増えたときなどに活躍してくれるのです。冷凍したとんかつは、冷凍庫から出してそのまま揚げることができますが、揚げ時間はいつもより少し長めにしてください。

とんかつ

材料（4人分）

豚肩ロース肉　600g（4枚・とんかつ用厚さ2cm）
キャベツ　400g
塩・こしょう　各少し
小麦粉　適量
卵　1個
パン粉　適量
揚げ油　適量
とんかつソース　適量
レモン、からし　各適量

作り方

1　キャベツは細めのせん切りにし、氷水を入れたボウルに5分ほどさらしてシャキッとさせる。水気をきってポリ袋に入れ、盛りつけまで冷蔵庫に入れておく。

2　豚肉は、揚げたときに肉が縮むのを防ぐため、肉のまわりに何か所か切り込みを入れ、塩、こしょうをする。

3　肉に小麦粉をはたきつけ、溶き卵をくぐらせてからパン粉をまぶす。

4　揚げ油を熱する。パン粉をパラパラっと落としてみて、すぐに浮き上がってくれば適温（170℃〜180℃）。

5　豚肉を1枚ずつそっと油に入れ、中温で4〜5分揚げる。火が通ってきつね色になったら取り出し、ペーパータオルにのせて余分な油を吸い取る。熱いうちに食べやすい大きさに切って皿に盛り、キャベツのせん切りをたっぷりつけ合わせ、好みでレモン、からしを添える。

※とんかつは、普通はからしととんかつソースでいただきます。とんかつソースはあまり家庭では作らないものなので、日本の食料品を売っているお店で買ってください。代用できそうなソースがないため、なるべく日本のとんかつソースを使っていただきたいのですが、もしなければウスターソースでもおいしくいただけます。

"かつどん" という名前は、豚肉のフライである "とんかつ" と、ごはんの上に具をのせた料理、"どんぶり" から来ています。深い器に入れた温かいごはんの上に、味をつけて卵でとじたとんかつをのせるのが、代表的なかつどんです。とても人気のある家庭料理ですが、とくにおなかを空かせた若い人には大人気です。

かつどん

材料（1人分）

とんかつ(p.58参照)　1枚
玉ねぎ(皮をむく)　50g
卵　1〜2個
だし汁　100㎖(½カップ・p.19
　参照)
しょうゆ　30㎖(大さじ2)
みりん　大さじ1
砂糖　大さじ1
温かいごはん(日本米)　約150g

作り方

1　とんかつを食べやすいように6等分に切る。玉ねぎを薄切りにする。ボウルに卵を溶く。

2　浅い鍋に、だし汁、しょうゆ、みりん、砂糖を入れて、砂糖が溶けるまで中火にかける。

3　玉ねぎを加えてやわらかくなったら①のとんかつを入れ、温まるまで煮る。

4　溶き卵をとんかつの上にかける。卵にだいたい火が通ったら、ふたをして火を止め、味をしみこませる。

5　どんぶりに温かいごはんをよそい、その上に④をそっとのせて熱いうちにいただく。

作るのがとても簡単な定番のおかずです。ただし、失敗もしやすいので気をつけてください。こまかいところに気を配ればとてもおいしくできます。ここで使ったようなごく薄い豚肉の場合、高温かつ短時間で焼くことが大切です。さもないと水っぽくなってしまいます。また肉がかたくならないようにするためには、食べる直前にたれに漬けるのがポイントです。豚肉にしょうゆとみりんとしょうがという組み合わせは、食べた人みんながとりこになるくらいすばらしい味だと思います。

豚肉のしょうが焼き

材料（4人分）

豚肩ロース肉（薄切り）　400g
チンゲンサイ　350g
しょうが（すりおろす）大さじ1
しょうゆ　90㎖（大さじ6）
みりん　60㎖（大さじ4）
サラダ油　適量
塩・こしょう　各少し

作り方

1　少し冷凍して切りやすくなった肉をできるだけ薄く切る。
2　まな板にラップを敷いて豚肉をのせる。さらにその上にラップをかけて、めん棒でたたいてやわらかくする。
3　ラップをはずし、肉を室温に戻しておく。
4　チンゲンサイは、葉と芯の部分に分ける。芯は縦に切り、葉は半分に切る。
5　しょうゆとみりんにしょうがを混ぜ合わせてたれを作る。
6　フライパンに油を入れて強火にかける。チンゲンサイの芯を先に炒め、あとから葉を加える。塩とこしょうで味を調え、あとで豚肉をのせる皿によそっておく。
7　そのままのフライパンで豚肉をたれにからめてから強火で手早く焼く。チンゲンサイといっしょに盛りつける。

　※日本では豚肩ロース肉（薄切り）が手に入るので、①、②のプロセスははぶく。

これはわが家の定番メニューです。味つけはしょうゆだけなのにおいしくできます。それはしょうが、にんにく、長ねぎの香りがしみ込むからです。急なお客さまがあって、さっと作りたいときに最高のおかずです。私はいつも白いごはんと一緒に出しています。うちではあっという間に消えてしまう人気者です。この作り方でいろいろな野菜を使って試してください。

いんげんと豚ひき肉の炒めもの

材料（4人分）

さやいんげん　500g
長ねぎ　40g
しょうが　15g(皮をむく)
にんにく　8g
サラダ油　適量
豚ひき肉　200g
しょうゆ　30〜45㎖(大さじ2〜3)
赤唐辛子(輪切り)　適量
ごま油　少し

作り方

1　いんげんをさっとゆでて、冷たい流水にさらす。
2　いんげんの水気を拭き取り、食べやすい大きさに斜め切りする。
3　長ねぎ、しょうが、にんにくをみじん切りにする。
4　フライパンに油をひいて強火にかける。ねぎ、しょうが、にんにくを入れて、油に味と香りが移るまで炒める。豚ひき肉を入れてさらに炒め、しょうゆを加える。
5　いんげんを加え、赤唐辛子をふる。
6　全体が温まるまで炒める。香りづけにごま油を少しふりかけ、白いごはんと一緒にいただく。

この料理は、祖母から教わったものです。応用がきくスープですから、材料はそのとき手に入るものや台所にあるものでかまいません。魚はサバや鯛でもよいですし、野菜はなすなども合います。ここでは日本の大根を使います。最近では海外でも手に入りやすくなってきているようですが、生でサラダにしても、今回のようにゆっくり煮込んでも、とてもおいしい野菜です。魚のすり身をスープに加える際には、いっぺんにたくさん入れてしまわないように気をつけて。スープにかたまりが残ってしまいます。

オヒョウと大根のスープ

材料（4人分）

オヒョウの切り身　200g

大根　300g

だし汁　800mℓ（4カップ・p.19
　参照）

みりん　30mℓ（大さじ2）

しょうゆ　30mℓ（大さじ2）

薄口しょうゆ　大さじ1

砂糖　少し

塩　少し

七味唐辛子　適量

しょうが(すりおろす)　適量

作り方

1　オヒョウの皮を取り、骨があれば取り除く。身は包丁でみじん切りにした後、なめらかになるまですり鉢ですりつぶす。

2　大根は皮をむき、厚さ7〜8mmの輪切りにし、4つに切る。

3　鍋にだし汁を注ぎ入れ、火にかける。大根を入れてやわらかくなるまで煮る。みりん、しょうゆ、薄口しょうゆを加える。

4　③のだし汁を少量取り、少しずつ①のすり身に加え、混ぜ合わせる。混ざったら、すり身をそっとだし汁に加えていき、1〜2分静かに煮込む。

5　味をみて、砂糖、塩で調味する。七味唐辛子またはしょうがのすりおろしを添えて、あつあつをいただく。

このレシピは我が家の定番です。ここでご紹介するレシピは母から習いました。私も子どもたちが幼かったころからよく作っています。新鮮なサバと野菜の組み合わせがおいしく食べられるし、健康的なのがなにより嬉しいおかずです。私が考えた、サバの身を上手に取る方法は、スプーンを使ってそっと皮からこそげ取るやり方です。だれに見せても、その速さと手軽さに目を丸くします。食事のメインのおかずにしてもよいですし、お弁当のおかずにもおすすめです。

サバそぼろ

材料（4人分）

サバの切り身　360g
しいたけ　150g
しょうが（皮をむく）　15g
にんじん（皮をむく）　150g
玉ねぎ（皮をむく）　100g
サラダ油　大さじ1
酒　大さじ1
砂糖　大さじ1
みりん　30mℓ（大さじ2）
しょうゆ　30〜40mℓ（大さじ2
　〜2½）
合わせみそ　大さじ1

きゅうりの漬けもの　適量

作り方

1　サバは、目に見える骨を取り除いてから、頭から尾に向かってスプーンでやさしく身をこそげ取り、包丁で軽くたたいておく。

2　しいたけは軸を取り、粗く刻む。

3　しょうがはみじん切りにする。にんじんと玉ねぎは粗みじんに刻む。

4　フライパンに油を熱して、しょうがとサバの身を軽く炒める。サバの色が変わってきたらにんじん、玉ねぎ、しいたけの順に加えて炒め合わせる。

5　最後に酒、砂糖、みりん、しょうゆ、みそを加え、汁気がなくなるぐらいまで混ぜながら煮る。温かい白いごはんにのせて出す。好みできゅうりの漬けものを添える。

鮭は切り身のまま使う場合が多いですが、私は細かく刻んで、いろいろな料理に利用しています。ここではエビを混ぜてみましたが、豚肉や鶏肉も使えます。玉ねぎは少し大きめに切って入れると食感が出ておいしくなります。最後に、思いきって、せん切りのしょうがをたっぷりのせてください。しょうがを添えると、驚くほど味わいが深まります。

サーモンつくね

材料（サーモンつくね18個分)

鮭　360g
むきエビ　120g
玉ねぎ　120g
酒　大さじ1
塩・こしょう　各少し
サラダ油　適量
ポン酢じょうゆ　適量(材料は
　下記参照)
しょうが(せん切り)　適量

〈ポン酢じょうゆ〉
みりん　100mℓ(½カップ)
しょうゆ　100mℓ(½カップ)
レモン汁　60mℓ(大さじ4)
昆布　5cm

作り方

1 ポン酢じょうゆを作る。小鍋にみりんを入れ、沸騰したら火を弱め、弱火のままさらに2〜3分火にかけ、アルコール分をとばす。粗熱が取れたら、しょうゆ、レモン汁、昆布を加え、冷ましておく。

2 鮭は皮や骨を取り除き、細かく刻んでからたたく。

3 エビの背ワタを取り、細かく刻んでからたたく。

4 玉ねぎは7〜8mm角に切る。

5 鮭とエビをボウルに入れてよく混ぜ合わせ、さらに玉ねぎも入れて混ぜる。酒、塩、こしょうを入れて味を調え、よくなじませる。

6 ⑤で混ぜ合わせたものを、1個が直径4〜5cmくらいのだんご状に形作る。

7 フライパンに油を少しひいて熱し、だんごを並べる。焦げ目がよくついたら、裏返す。

8 十分に火が通ったら、器に並べ、ポン酢じょうゆを全体にかけ、上にしょうがのせん切りをたっぷりとのせる。

南蛮漬けは伝統料理のひとつで、夫の好物なので、一年を通じてひんぱんに作っています。"南蛮漬け"とは、甘酢に赤唐辛子を入れたものですが、今回はそれにだし汁を加えてやさしい味にしました。この漬け汁はとてもおいしくて、肉にも魚にも合いますが、とくに鮭やサバ、アジとの相性が抜群です。たくさんの野菜を一緒に漬け込むと、とてもヘルシーなおかずになります。鮭に火を通してあるので、冷蔵庫で3〜4日は保存できます。

鮭の南蛮漬け

材料（4人分）

セロリ　100g
にんじん（皮をむく）　80g
しょうが（皮をむく）　15g
赤唐辛子　2本
玉ねぎ　100g
ライム　1個
鮭の切り身　600g（4切れ）
塩・こしょう　各少し
小麦粉　適量
揚げ油　適量

〈南蛮漬けの漬け汁〉
だし汁　200ml（1カップ・p.19参照）
しょうゆ　75ml（大さじ5）
米酢　100ml（½カップ）
砂糖　大さじ4
レモン汁（½〜1個分）
塩　少し

作り方

1　南蛮漬けの漬け汁を作る。だし汁、しょうゆ、米酢、砂糖、レモン汁をボウルに合わせてよく混ぜる。塩を少し加えて味を調える。

2　セロリの筋を取り、にんじんとともに5cmの長さのせん切りにする。しょうがはマッチ棒くらいに切る。赤唐辛子の種を取り除き、輪切りにする。玉ねぎとライムは薄切りにする。

3　鮭を3〜4cm角の大きさに切って、塩、こしょうを少々ふり、小麦粉をまぶす。

4　厚手鍋に揚げ油を熱し、鮭を揚げる。

5　鮭に火が通ってカリッと揚がったら、油をよくきり、①の漬け汁に入れる。漬け汁の味がよくしみるように、鮭があつあつのうちに漬けること。

6　セロリ、にんじん、しょうが、赤唐辛子、玉ねぎ、スライスしたライムを⑤に加える。ラップなどでおおって、30分以上おいて味をなじませる。

7　1切れずつの鮭の切り身に、セロリ、にんじん、しょうが、玉ねぎ、赤唐辛子を少しずつのせていただく。

簡単でしかも味わい深いこの料理は、だいたいどんな魚でも作ることができます。しょうがやにんにく、長ねぎなどを加えても、おいしくでき上がります。調理中に魚のうまみを逃がさないよう、煮汁を煮立ててから魚を入れるのを忘れないように。魚の臭みも取ってくれます。このおかずに白いごはんと汁ものを合わせれば、いつでもすばらしい食事がいただけます。どんな汁ものとも相性がいいおかずです。

鯛の煮つけ

材料（4人分）

鯛の切り身　500g（4切れ）
酒　100㎖（½カップ）
みりん　100㎖（½カップ）
しょうゆ　75㎖（大さじ5）
水　50㎖（¼カップ）
砂糖　大さじ3
しょうが（皮をむく）　30g

作り方

1　鍋に酒、みりん、しょうゆ、分量の水、砂糖を入れて弱火にかけ、よく煮溶かす。よく溶けたら煮立たせて、鯛を皮目を下にして入れる（皮が縮んでしまうのを防ぐため）。
2　しょうがの薄切りを加えてから火を弱め、落としぶたをして数分煮る。
3　魚の下側に火が通ったらひっくり返し、煮汁が半分くらいになるまで煮つめる。
4　火を止め、しばらくおいて魚に煮汁を含ませる。

「たたき」とは、マグロや牛肉の表面だけをあぶって、中は生の状態のまま薄切りにして出す料理のことです。材料のうまみを封じ込めるには、このやり方が一番だと思います。このレシピは、マグロを牛肉に代えてもうまくいきます。

マグロのたたきサラダ

材料（4人分）

マグロ刺身　450g
大根　250g
バジルの葉　10枚
にんにく（薄切り）　10g
サラダ油　大さじ2
塩・こしょう　各少し
わさび　適量
万能しょうゆ（材料は下記参照）
　またはポン酢じょうゆ（p.26
　参照）　適量

〈万能しょうゆ〉
みりん　100mℓ（½カップ）
しょうゆ　300mℓ（1½カップ）
昆布　10cm

作り方

1　万能しょうゆを作る。みりんを沸騰させ、弱火で2〜3分温め、アルコール分をとばす。火からおろして、しょうゆと昆布を加え、そのままにしておく。冷めたら冷蔵庫で保存しておく。

2　大根は皮をむいて5cm長さのせん切りにし、冷水にさらしてパリッとさせ、ざるにあげて水気をきる。バジルの葉はざっと刻んでおく。

3　フライパンにサラダ油を熱し、にんにくを加える。にんにくが少しカリカリとして、油によい香りが移ったら、にんにくを取り出す。油はフライパンに残しておく。

4　マグロに塩、こしょうをし、③のフライパンに入れる。中まで火が通ってしまわないように気をつけながら、手早く強火で両面を焼く。火を止めてフライパンから取り出す。

5　マグロを2〜3cm幅に切って皿にならべる。大根、バジル、③のにんにくチップをのせる。

6　わさびを添え、万能しょうゆまたはポン酢じょうゆをかけていただく。

"あん"は、いろいろな具に使える日本の伝統的なソースの一種です。味つけしただし汁に水溶き片栗粉でとろみをつけて作ります。片栗粉が手に入らなければコーンスターチを使ってもかまいませんが、片栗粉に比べてとろみが弱いので、分量を調整してください。あんかけ料理は日本の主婦には欠かせないレパートリーのひとつです。とくにごはんにかけるどんぶりものに向いています。

鶏肉と小エビのあんかけどんぶり

材料（4人分）

鶏もも肉　250g
小エビ　100g
塩・こしょう　各少し
酒　適量
しいたけ　100g
玉ねぎ　120g
チンゲンサイ　3〜4枚
長ねぎ（青い葉の部分）　½本
しょうが（皮をむいて半分に切る）　40g
にんにく（つぶしたもの）　15g
だし汁　400㎖（2カップ・p.19参照）
しょうゆ　45㎖（大さじ3）
酒　大さじ1
みりん　大さじ1
砂糖　大さじ1
塩　小さじ½
サラダ油　適量
片栗粉　大さじ2（大さじ2の水で溶く）
温かいごはん　600g

作り方

1　鶏肉は2㎝角に切り、小エビは背ワタを取る。別々のボウルに入れて、酒少々と塩、こしょうで下味をつける。
2　しいたけは軸を取り、そぎ切りにする。
3　玉ねぎはくし形に切り、さらに横半分に切る。
4　チンゲンサイを葉と芯の部分に分ける。芯の長さを2等分にして、5㎝長さの細切りにする。葉も5㎝くらいの大きさに切る。長ねぎは青い葉の部分を10㎝長さに切る。
5　だし汁に、しょうゆ、酒、みりん、砂糖、塩を入れてよく混ぜておく。
6　フライパンに油を熱する。長ねぎ、しょうが、にんにくを入れて、香りが出たら①の鶏肉を入れ、そのあとに小エビを入れる。さらにしいたけ、玉ねぎ、チンゲンサイの順に野菜を入れて炒める。
7　⑤の調味しただし汁を加える。煮立ったら、水溶き片栗粉を入れてとろみをつける。
8　長ねぎ、しょうが、にんにくを取り出し、温かいごはんの上に、⑦のあんをかける。

エビとパン粉の組み合わせは世界中どこでも人気があるようで、どの国にもそれぞれのレシピがあると思います。日本では大きなエビを天ぷらにしたり、パン粉をつけて揚げて"エビフライ"にしたりします。あるとき、どうしても小ぶりのエビしか手に入らなかったので、このレシピを考えつきました。エビを刻んで、小さくまとめてパン粉をつけて揚げると、外はとってもカリカリで中はしっとりしたエビフライができ上がります。

カリカリパン粉のエビフライ

材料（4人分）

エビ　180g
卵　1個
小麦粉　50g
塩・こしょう　各少し
パン粉　適量
揚げ油　適量
しょうが(すりおろす)　適量
しょうゆまたはポン酢じょうゆ
　　適量(ポン酢じょうゆの作り
　　方はp.26参照)

作り方

1　エビを洗い、背ワタを取り、ペーパータオルなどで水気を拭く。
2　卵をほぐし、小麦粉を加えてよく混ぜる。
3　エビは1尾を3等分に刻み、塩とこしょうで下味をつける。
4　エビの切り身を3つずつ手に取り、ボウル状に丸めてから少し平らに成形する。
5　卵と小麦粉を溶いたものにそっとくぐらせ、パン粉をまぶす。エビがくずれそうになったら、まとめ直せば大丈夫。
6　揚げ油を熱してエビを入れ、火が通ってきつね色になるまで揚げる。
7　揚がったら、ペーパータオルにのせて余分な油を吸い取る。
8　熱いうちに、おろししょうがを入れたしょうゆやポン酢じょうゆを添える。

私は、刺身以外にも揚げもの、炒めもの、焼きものなど、さまざまな料理にホタテを使います。みずみずしいホタテを焼いて、あつあつのところに七味唐辛子をふり、ぱりっとしたのりで巻いていただく。シンプルなところが気に入っているレシピです。

ホタテ貝柱とパリパリのりの前菜

材料（4人分）

ホタテ貝柱　200g
万能しょうゆまたは普通のしょ
　うゆ　60〜75ml（大さじ4〜
　5・万能しょうゆの材料は下
　記参照）
サラダ油　少し
のり　適量
七味唐辛子　適宜

〈万能しょうゆ〉
みりん　100ml（½カップ）
しょうゆ　300ml（1½カップ）
昆布　10cm

作り方

1　万能しょうゆを作る。小鍋でみりんを沸騰させ、火を弱めて2
　〜3分温め、アルコール分をとばす。火からおろして、しょう
　ゆと昆布を加える。冷めたら冷蔵庫で保存しておく。

2　万能しょうゆをボウルに入れ、ホタテを2〜3分漬け込む。

3　フライパンにサラダ油少々を熱し、ホタテを両面均等に焼く。

4　ホタテに焼き色がついたら、お好みで、七味唐辛子をふる。

5　ホタテをのり2枚ではさんで皿に盛りつける。のりのパリパリ
　感がなくならないうちにいただく。

揚げものはちょっと……という方もいらっしゃるでしょうが、健康の秘訣はバランスにあるのではないでしょうか。揚げものばかり食べていたらとても健康的とはいえませんが、食事の一部に取り入れる程度ならばそれほど問題はないと思います。イタリア風と和風の両方の味が楽しめるこのフライは、家族にもお客さまにも大好評です。

ホタテ貝柱とモッツァレラのフライ

材料（4人分）

ホタテ貝柱　12個
モッツァレラチーズ　1個
バジルの葉　12枚
塩・こしょう　各少し
小麦粉、溶き卵、パン粉　各適量
揚げ油　適量
レモン・ポン酢じょうゆ(p.26
　参照)・七味唐辛子　各適量

作り方

1　ホタテは水平に包丁を入れて2枚に分ける。ほぼ同じ厚みになるように切ったモッツァレラチーズを12枚分用意する。

2　モッツァレラとバジルの葉をホタテではさむ。塩、こしょうを少々ふる。

3　ホタテとモッツァレラの"サンドイッチ"に小麦粉をまぶし、溶き卵にくぐらせ、パン粉をつける。

4　揚げ油を熱してホタテを入れ、きつね色になるまでカラッと揚げる。揚げもの受けの網やペーパータオルなどに上げて余分な油分を取る。

5　熱いうちに、くし形に切ったレモン、ポン酢じょうゆ、七味唐辛子などとともにいただく。

この本の撮影をしたとき、一番みんなに好評だったのがこのレシピです。とても簡単ですが複雑な味わいがあり、日本食を知りはじめて間もない人にはとくに新鮮に感じられるようです。日本ではとても人気のある料理です。塩焼きにした魚と、味つけをしただし汁で炊いたご飯は、繊細で、わくわくする取り合わせです。ここでは鯛を使いましたが、白身の魚なら何を使っても同じようにおいしくできます。

鯛めし

材料（4人分）

鯛の切り身　250〜300g
塩　小さじ½
日本米　320g（2カップ）
薄口しょうゆ　大さじ1
みりん　大さじ1
酒　大さじ1
塩　少し
だし汁　355㎖（p.19参照）

作り方

1　鯛の両面に塩を軽くふり、グリルでまず皮がきつね色になるまで焼いたら、裏返して軽く焼き色がつくまで焼く。
2　粗熱が取れたら、注意深く骨を取り除く。
3　水がにごらなくなるまで米をとぎ、ざるにあげて10〜15分おく。
4　薄口しょうゆ、みりん、酒、塩を合わせる。だし汁と合わせて全体で400㎖（2カップ）になるようにする。
5　厚手鍋に米を入れ、その上に②の鯛をのせる。④のだし汁を、鯛にかからないように気をつけながら注ぎ入れる。
6　ふたをして、強火にかける。沸騰したら弱火にして10〜12分炊く。火を止め、ふたを取らずにさらに10分蒸す。
7　ふたを取り、鯛の身とごはんをさっくりと混ぜ合わせる。
8　茶碗によそう。

三色ごはんは彩りが華やかで、日本のどの家庭でも作られる料理ですが、とくにお弁当として人気があります。日本人にとっては子ども時代を思い出す懐かしい味です。私はこの料理を作るのが大好きです。3種類の具をごはんにのせるときは、見た目もよくなるように、ていねいに美しく盛りつけましょう。4つの部分から構成されていて、多少複雑な料理なので、はじめる前によく準備を調えておくようおすすめします。鶏そぼろを作った煮汁を、ごはんを炊くときに加えるといっそうおいしくなります。

三色ごはん

材料（4人分）

〈ごはん〉
日本米　320g（2カップ）
だし汁　200㎖（1カップ・p.19
　参照）
しょうゆ　30㎖（大さじ2）
酒　大さじ1
みりん　大さじ1
塩　少し

〈鶏そぼろ〉
鶏ひき肉　300g
しょうゆ　50㎖（大さじ3強）
酒　大さじ1
みりん　30㎖（大さじ2）
砂糖　大さじ2

〈炒り卵〉
卵　4個
砂糖　大さじ1½～2
酒　大さじ1
塩　少し

絹さや　100g

作り方

1　米をよくといでざるにあげ、10～15分おく。
2　鶏そぼろを作る。手順は2段階に分かれる。まず鍋に、米を炊くためのだし汁、しょうゆ、酒、みりんを合わせて火にかける。ひと煮立ちしたら鶏ひき肉を入れて2～3分煮る。ひき肉をざるに取り、煮汁はごはんを炊くときに使うため取っておく。
3　ごはんを炊く。鶏ひき肉を煮たあとの汁を計量カップに入れて、全体が400㎖（2カップ）になるように、必要に応じてだし汁を足す。塩を少し入れ、そのまま冷ましておく。
4　厚手鍋にといだ米を入れ、③のだし汁を入れる。ふたをして沸騰するまで強火にかける。弱火にして10～12分炊く。火を止め、ふたを取らずにさらに10分蒸らす。
5　ごはんを炊いているあいだに、鶏そぼろに味をつける。鍋に②の鶏肉を入れ、しょうゆ、酒、みりん、砂糖を加える。煮立たせて、汁気がなくなるまでつねに混ぜながら煮る。
6　炒り卵を作る。ボウルに卵を入れてよくほぐす。砂糖、酒、隠し味に塩を少し入れて混ぜる。卵をフライパンに流し込み、はじめは中火にかける。まわりのふちが白くなったら、4本の箸を使って手早く混ぜる。
7　別の鍋で、筋を取った絹さやをゆでて、冷たい流水にとり、水気をきってから細い斜め切りにする。
8　茶碗に④のごはんをよそい、鶏そぼろ、炒り卵、絹さやを少しずつのせる。具が互いに混ざらないように気をつけながら盛りつけること。

ごはんを炊くときにだし汁、みりん、しょうゆを加えるので、ごはんが一段とおいしくいただける料理です。ご飯の量を増やしたいときは、増やした米の量と同じ分量だけ、味つけをしただし汁を増やしてください。そうすれば、いつでも完ぺきなごはんが炊けます。

しょうゆ味の豚肉とにんじんの混ぜごはん

材料（4人分）

日本米　320g（2カップ）

〈ごはんの味つけ〉
だし汁　370㎖（p.19参照）
みりん　大さじ1
しょうゆ　大さじ1
塩　適量

豚肩ロース肉（薄切り）　250g
にんじん　150g
しょうゆ　45〜60㎖（大さじ3
　〜4）
みりん　30㎖（大さじ2）
砂糖　小さじ2
粗びき黒こしょう　少し

作り方

1　米をよくといで、最低でも15分間、ざるにあげておく。

2　みりんとしょうゆを計量カップに入れる。全体で400㎖（2カップ）になるまでだし汁を加える。味をみて塩を足す。

3　厚手鍋に①の米を入れ、②の味つけをしただし汁を加える。ふたをぴったり閉めて火にかけ、沸騰したら弱火にして10〜12分炊く。火を止め、ふたを取らずにさらに10分蒸らす。

4　ごはんを炊いているあいだに、にんじんの皮をむき、長さ2〜3㎝の短冊切りにする。

5　豚肉をラップで包んで、めん棒でたたいてやわらかくする。そのあと1㎝幅に切る。

6　鍋にしょうゆ、みりん、砂糖を合わせて火にかける。肉同士がくっつかないよう気をつけながら、豚肉を入れる。にんじんも加えて、汁気がほとんどなくなるまで煮含める。

7　炊き上がったごはんに⑥の豚肉とにんじんを混ぜ合わせる。粗びき黒こしょうをふる。

※日本では豚肩ロース肉（薄切り）が手に入るので、⑤のめん棒でたたくプロセスははぶく。

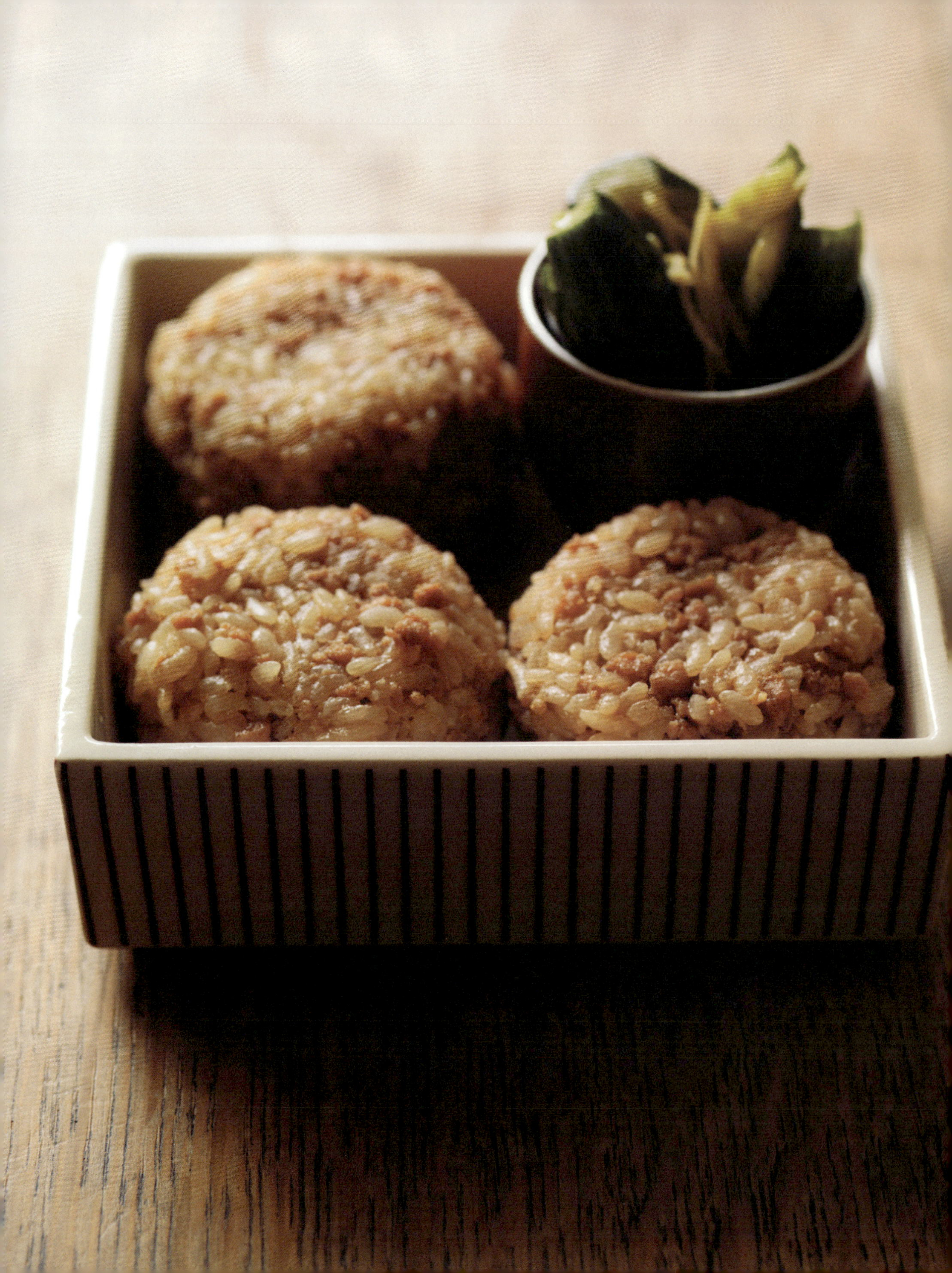

ごはんをボール状に丸めたライスボールは、日本では一般的に"おにぎり"と呼ばれていて、日本人はみんな大好きです！ よその国では、ランチやおやつといえばサンドイッチですが、日本ではそのかわりにおにぎりを食べます。根強い人気の理由は、持ち運びが便利で、種類が豊富だからではないでしょうか。好きな形に作ることができますし、具にはほとんどどんなものも入れられます。のりで巻けばさらにおいしくなりますし、ごはんが指にくっつかなくなります。おにぎりは、パーティー、おやつ、お弁当などによく登場します。三色ごはん（p.88）に使った鶏ひき肉が余ったときにぴったりです。

鶏そぼろのおにぎり

材料（4人分）

日本米　2カップ
水　400ml（2カップ）

〈鶏そぼろ〉
鶏ひき肉　200g
しょうゆ　40ml（大さじ2強）
酒　大さじ½
みりん　20ml（大さじ1強）
砂糖　大さじ1½

きゅうりの漬けもの　適量

作り方

1　米をといでざるにあげ、15分おく。
2　鍋に米と分量の水を入れて強火にかけ、ふたをし、沸騰したら弱火にして10〜12分炊く。火を止め、ふたを取らずにそのまま10分蒸らす。
3　鶏そぼろを作る。鍋に鶏肉を入れて軽く炒める。しょうゆ、酒、みりん、砂糖を入れて煮立て、汁気がなくなるまで煮含める。
4　炊き上がったごはんと鶏そぼろを混ぜ合わせる。手で握って、小さなおにぎりを作る。きゅうりの漬けものなどを添えて出す。

ごはんに味をつけたいときは、だし汁で炊くことが多いのですが、このレシピでは水、酒、塩でグリーンピースの繊細な味を引き出すようにしています。どんなおかずにも色彩と味を添えてくれます。ごはんものの中でも、とくに夫が大好きなレシピです。このグリーンピースごはんに豚肉のしょうが焼きやポテトサラダと一緒にいただくのが好きなようです。

グリーンピースごはん

材料（4人分）

日本米　320g（2カップ）
水　400ml（2カップ）
酒　大さじ1
塩　少し
軽くゆでたグリーンピース
　　230g

きゅうりのしば漬け　適量

作り方

1　米をといでざるにあげ、15分ほどおく。
2　厚手鍋にといだ米、水、酒を入れ、塩を少々加える。
3　ふたをして、沸騰するまで強火で、沸騰したら弱火にして10〜12分炊く。火を止めてさらに10分、ふたを取らずに蒸らす。
4　ごはんが炊けたら、ゆでておいたグリーンピースをざっくりと混ぜ合わせる。最後に塩で味を調える。きゅうりのしば漬けを添えて出す。

ごはんはとても融通のきく食材です。私はただの白いごはんも大好きですが、調味料や具を加えていろいろな味で楽しむのも好きです。このレシピには、リラックスしたいときにぴったりのしょうがを入れていますので、食欲のない人、疲れている人にとくにおすすめです。食べると元気が出る料理です。

しょうがの炊き込みごはん

材料（4人分）

日本米　320g（2カップ）
しょうが　30g
しめじ　75g
だし汁　355㎖（p.19参照）
薄口しょうゆ　大さじ1
みりん　大さじ1
酒　大さじ1
のり　適量

作り方

1　水がにごらなくなるまで米をとぐ。ざるにあげて10〜15分おく。
2　しょうがは皮をむいて、みじん切りにする。
3　しめじは根元を落とし、小房に分ける。
4　だし汁に薄口しょうゆ、みりん、酒を合わせ、全体で400㎖（2カップ）になるように調整する。
5　厚手鍋に米を入れ、しょうが、しめじ、④の調味しただし汁を入れる。
6　しっかりふたをして火にかける。沸騰したら弱火にする。10〜12分ほど炊いたら、火を止めてさらに10分間、ふたを取らずに蒸らす。
7　ごはんをさっくりと混ぜ、器に盛り、のりを飾る。

混ぜずしは五目ずしとも呼ばれますが、家庭で、とくにパーティーのときなどによく作られるおすしです。ここにご紹介するレシピは、世界中のどこでも作れるように、手に入りやすい材料を使いました。手順は大きく2つの段階に分かれます。まずごはんを炊くこと、それからすし酢と具を混ぜ合わせることです。この混ぜずしの上には、薄いクレープ状に焼いた卵を細く切った"錦糸卵"を山盛りにのせます。錦糸卵の作り方を覚えれば、ほかのいろいろな料理に応用でき、すし料理を華やかに見せてくれます。

混ぜずし

材料（4人分）

〈すし酢ごはん〉
日本米　320g（2カップ）
水　400ml（2カップ）
米酢　100ml（½カップ）
砂糖　大さじ2
塩　小さじ1〜1½

〈混ぜずしの具〉
にんじん　100g
マッシュルーム　100g
だし汁　45ml（大さじ3・p.19
　参照）
しょうゆ　大さじ1
砂糖　大さじ½
みりん　大さじ½
エビ（大）　12尾
酒　大さじ1
レモン汁　½〜1個分
のり　適量

〈錦糸卵〉
卵（中）　4個
砂糖　大さじ1〜1½
塩　少し
サラダ油　適量

作り方

1　米をといでざるにあげ、10〜15分おく。といだ米を厚手鍋に入れ、分量の水を加える。鍋にふたをして強火にかける。沸騰したら弱火にして10〜12分炊いてから火を止める。ふたを取らずに、さらに10分蒸らす。

2　すし酢を作る。小さな鍋に酢を入れて火にかける。温まったら砂糖と塩を入れる。煮立ったら火からおろして冷ます。

3　具を作る。にんじんの皮をむき3〜4cm長さのせん切りにする。

4　マッシュルームは軸を取り、薄切りにする

5　だし汁、しょうゆ、砂糖、みりんを鍋に入れて火にかける。煮立ったらにんじんとマッシュルームを入れ、にんじんに火が通るまで弱火で煮る。

6　エビの背ワタを取る。沸騰したお湯に酒を加えた鍋にエビを入れる。弱火で1分ほどゆでたらふたをして、火からおろしてそのまま冷ます。余熱で火が通るので、あとで使うまでそのままおいておく。

7　①のごはんが炊き上がったら温かいうちに②のすし酢をかけてよく混ぜる。⑤のにんじん、マッシュルーム、⑥のエビの汁気をきって加えて混ぜる。レモン汁を入れてさらに混ぜる。

8　錦糸卵を作る。ボウルに卵を溶いて、分量の砂糖と塩少しを入れる。むらができないように、こし器でこす。フライパンに油をひき、フライパン一面に広がる量だけの溶き卵を入れてクレープのように薄くのばす。すぐに火が通るので、こがさないよう気をつける。焼けたらフライパンからはず。溶き卵がなくなるまで繰り返す。18cmのフライパンなら8〜10枚くらいの薄焼き卵ができる。

9　薄焼き卵をせん切りにして、手でふんわりほぐす。こうすると驚くほどボリュームが増える。

10　⑦の混ぜずしを大皿に盛り、のりをちらし、⑨の錦糸卵をのせる。

チャーハンは1年を通じて楽しめる料理です。このチャーハンには、にんにくとしょうがで風味づけしたしょうゆが合います。カニとの相性は抜群です。このしょうゆを冷蔵庫に作りおきしておくと、手軽に使えて重宝します。2週間くらい前もって作っておけば、チャーハンを作るときに時間を節約できますし、作りたてよりも味がなじんでおいしくなります。おいしいチャーハンを作るコツは、中華鍋の中で具がしっかり混ざり合うように炒め続け、かたまりが残らないようパラパラと仕上げることです。

カニチャーハン

材料（2〜4人分）

カニ（ゆでて殻をむいたもの）
　　150g

玉ねぎ　¼個

わけぎ　2本

卵　3個

塩・こしょう　各少し

サラダ油　大さじ4

牛ひき肉　100g

ごはん　500g

にんにくしょうがじょうゆ
　　45㎖（大さじ3・材料は下記
　　参照）

〈にんにくしょうがじょうゆ〉
しょうゆ　200㎖（1カップ）
にんにく　20g
しょうが　40g

作り方

1　にんにくしょうがじょうゆを作る。にんにくとしょうがを薄切りにしてしょうゆに加え、ビンに入れて冷蔵庫で保存する。

2　カニ肉をほぐす。大きなかたまりが残らないように気をつける。

3　玉ねぎはみじん切り、わけぎは小口切りにする。

4　卵はボウルに割り入れてほぐし、塩、こしょうをする。

5　中華鍋をよく熱してから油大さじ2を入れる。卵をかき混ぜながらさっと炒める。軽く火が通ったらボウルに取り出しておく。

6　鍋に油を少し足して牛ひき肉を炒め、肉に火が通ったら玉ねぎを入れる。

7　ごはんを加えて鍋の中でよく炒め合わせる。油が足りなければ、そのつど加えて炒める。にんにくしょうがじょうゆを中華鍋のへりから回しかけ、さらに炒める。しょうゆが全体に行きわたるように、またごはんがくっつかないように気をつける。

8　7〜8分鍋を返しながら炒めたら、カニと⑤の炒り卵を入れ、塩とこしょうで味を調えてからさらに2分ほど、カニが十分温まるまで炒める。火を止めて、わけぎを入れて混ぜる。あつあつのうちにいただく。

この温かいおそばは、単品でりっぱな食事になります。日本人は麺料理が大好きです。炒めたり、つゆに入れたり、サラダにすることもありますし、温かい麺料理も冷たい麺料理もあります。日本では音を立てておそばをいただきます。とくに男性は大きな音を立てます。これはマナーの悪いことではなく、おいしく、楽しく食べているしるしです。でも慣れていないとまねするのは難しいでしょう。このレシピはおそば抜きで作ってもかまいません。少し濃いめのスープですが、おいしくいただけます。

鴨そば

材料（2人分）

皮つき鴨胸肉　200g
わけぎ　120g
だし汁　600mℓ（3カップ・p.19
　参照）
しょうゆ　90mℓ（大さじ6）
みりん　90mℓ（大さじ6）
そば（乾麺）　200g
七味唐辛子　適量

作り方

1　鴨肉は食べやすい大きさに薄切りし、わけぎは7～8cm長さに切る。

2　だし汁を温めてから、しょうゆとみりんを加える。ひと煮立ちしたら鴨の薄切りを入れる。アクを取って、わけぎを入れる。

3　大きな鍋にたっぷりの湯を沸かす。麺同士がくっつかないようにばらしながら、そばを沸騰した湯に入れる。ふたたび沸騰したら水を1カップ足して、さらにゆでる。ゆで時間は商品の表示に従うが、ややかたさが残る程度にゆで上げること。

4　そばをざるにあげて、2つの大きめの椀に分けて入れる。

5　②の熱いつゆを注ぎ入れ、鴨肉とわけぎをのせる。七味唐辛子をふっていただく。

日本では麺類はとても大切な食材で、種類によってさまざまな料理があります。これはヘルシーで簡単に作れる、非常に一般的なそばの食べ方です。なんといっても主役はそばですから、ゆですぎないこと、そして流水にさらして水をきったらすぐに食べられるよう段取りを手早くするのが大事です。大根の風味も楽しんでください。日本では大根は大変なじみ深い野菜で、生のまま、あるいは調理して、いろいろに利用します。最近では、この便利な大根が世界各地で手に入るようになりました。

冷そばの大根おろし添え

材料（4人分）

そば（乾麺）　250〜300g
大根　10cm
めんつゆ　400mℓ（2カップ・材
　料は下記参照）
わけぎ・わさび　各少し

〈めんつゆ〉
昆布　10cm
水　800mℓ（4カップ）
しょうゆ　400mℓ（2カップ）
みりん　300mℓ（1½カップ）
砂糖　大さじ2
削りガツオ　50g

作り方

1　めんつゆを作る。鍋に分量の水とぬれぶきんで軽く拭いた昆布を入れて分量の水に浸し、30分〜1時間ほどおく。
2　①にしょうゆ、みりん、砂糖を加えて火にかける。
3　削りガツオを加え、30秒ほどで火からおろし、削りガツオが沈むまでおく。これをこし、ビンに入れて冷やしておく。
4　大根の皮はむき、細かくすりおろす。
5　大きな鍋にたっぷりの湯をわかし、沸騰したらそばをゆで始める。くっつかないように気をつけること。ふき上がってきたら、カップ1杯の冷水を注ぐ。
6　再び沸騰させる。ゆで時間は袋の表示通りにすること。
7　ゆで上がったら、ざるにあげ、冷たい流水でよく洗い流すとこしが強くなる。最後に十分水気をきる。
8　それぞれの器にそばを取り分け、④の大根おろしを適量のせる。器の縁から、③のめんつゆを静かに注ぎ入れる。
9　刻んだわけぎとわさびを添える。

私はよく料理にひき肉を使うのですが、みそを加えるだけで、料理がよりおいしくなるうえに、体にも
やさしくなります。私はこの肉みそを、麺類やごはんものに利用しています。麺やごはんの上にのせて、
きゅうりと長ねぎの細切りをたっぷりあしらえば、見た目にも豪華な即席ランチのでき上がりです。

冷やし肉みそうどん

材料（4人分）

〈肉みそ〉
鶏ひき肉　400g
長ねぎ　60g
しょうが（皮をむく）　15g
サラダ油　適量
だし汁　100mℓ（½カップ・p.19
　参照）
酒　大さじ1
しょうゆ　30mℓ（大さじ2）
みりん　30mℓ（大さじ2）
砂糖　大さじ1
合わせみそ　大さじ5〜6

長ねぎ　1本
きゅうり　200g
うどん（乾麺）　400g

作り方

1　肉みそを作る。長ねぎとしょうがは細かく刻んでおく。フライ
　パンにサラダ油少しを熱し、長ねぎとしょうがを加えたら、香
　りが出るまでよく炒める。ひき肉を加えて色が変わるまでさら
　に炒める。

2　だし汁を鍋に入れて火にかけ、酒、しょうゆ、みりん、砂糖、
　みそを加えて混ぜる。さらに炒めたひき肉を入れ、混ぜながら
　弱火で煮つめる。

3　つけ合わせの長ねぎは5cm長さのせん切りにし、冷水にさらし
　て数分おいたら、ざるに上げてしっかり水気をきっておく。

4　きゅうりは縦半分に切り、まん中の種の部分を取り除いてから
　5cm長さに切り、さらにせん切りにする。

5　うどんは商品の表示に従って、たっぷりの湯でゆでる。ゆであ
　がったらざるにあげ、流水で洗ってぬめりを取り、水気をよく
　きる。

6　うどんは大皿に盛るか個別の皿にのせ、②の肉みそを上からか
　ける。③、④の長ねぎときゅうりを添えて食卓に出す。

私は、さまざまな麺類を、温かい料理にも冷たくしていただく料理にもよく使います。やきそばは簡単ですばやく作れ、しかもおいしいので、わが家では年中登場します。このレシピでは、鶏ガラスープ、オイスターソース、日本のとんかつソースを混ぜ合わせた特製ソースを使いました。このソースは野菜でも肉でも、どんな材料にも合います。麺がべったりしてしまいますので、ソースをあまり早く入れないよう気をつけてください。

豚肉とキャベツのやきそば

材料（4人分）

豚肩ロース肉（薄切り）　160g
キャベツ　200g
もやし　200g
蒸し中華麺　4袋
顆粒鶏ガラスープ　大さじ1
オイスターソース　大さじ1
とんかつソース　大さじ4〜5
サラダ油　大さじ4
塩・こしょう　各少し
青のり　適量
紅しょうが　適量

作り方

1　まな板にラップを敷き、豚肉を広げる。ラップで豚肉を包み、めん棒でたたいて肉をやわらかくする。ラップを取り除き、2cm幅に切る。
2　キャベツは2〜3cm幅のざく切りにする。
3　もやしはひげ根を取る。
4　蒸し麺はほぐしておく。
5　鶏ガラスープ、オイスターソース、とんかつソースを混ぜ合わせる。
6　大きめのフライパンにサラダ油大さじ1を熱し、豚肉を炒める。さらに残った油を足しながら、キャベツ、もやしの順で、強火ですばやく炒める。足りなければ、油を少し加える。
7　麺を入れ、十分炒めたら、⑤のソースを加え、塩、こしょうで味つけする。
8　青のりをふりかけ、紅しょうがを添える。

※日本では豚肩ロース肉（薄切り）が手に入るので、①のめん棒でたたくプロセスははぶく。

茶碗蒸しは私の大好物です。ほっとするやさしい味なので、具がなくてもおいしく食べられますが、小さく切った肉、魚、野菜など、いろいろな具が入っているので宝探しの気分も味わえます。ここでご紹介するのは、この伝統的な料理をごくシンプルにアレンジしたレシピです。だし汁と卵の割合をマスターしたら、好きな具を入れて作ってみてください。あんかけにするとさらにおいしくなります。

茶碗蒸し

材料（4人分）

だし汁　600㎖（3カップ・p.19
　　参照）
卵　4個（約200g）
薄口しょうゆ　大さじ1
みりん　大さじ1½〜2
塩　小さじ½〜⅔
絹さや　35g
にんじん（皮をむく）　45g

〈あん〉
だし汁　200㎖（1カップ・p.19
　　参照）
薄口しょうゆ　小さじ2
みりん　30㎖（大さじ2）
塩　適量
片栗粉　小さじ2（小さじ2の
　　水で溶く）

作り方

1　卵をボウルに割り入れてよく混ぜ合わせる。つねにかき混ぜながら、少しずつだし汁を加え、混ぜてこす。
2　①の卵液に薄口しょうゆ、みりん、塩を加え混ぜる。
3　絹さやは筋を取り、斜めのせん切りにする。
4　にんじんは皮をむいて、3㎝長さのせん切りにする。火が通りやすいように、薄く細く切ることをお忘れなく。
5　絹さやとにんじんを4つの器に分けて入れ、②の卵液を等分に注ぐ。
6　蒸し器に水を入れて沸騰させる。蒸気がしっかり立ったら、器にラップをかけて蒸し器に入れ、弱火で20分程度、蒸し上げる。
7　あんを作る。鍋にだし汁を入れ、薄口しょうゆとみりんを入れ、塩を適量加える。だし汁が煮立ったら水で溶いた片栗粉を入れてとろみをつける。
8　茶碗蒸しに火が通ったら蒸し器からおろしてラップを外し、⑦のあんを少しずつかける。

昔から日本人が大好きなレシピです。手順が単純で少ない材料でできるので、家庭科の授業で最初に習う料理でもあります。人気の秘密は、簡単なうえに、卵がふんわりと、鮮やかに黄色い渦を巻いた様子が美しいからではないでしょうか。見ばえがよくて、おいしくて、作りやすい、最高のレシピです。

かき玉汁

材料（4人分）

卵　3個
だし汁　800㎖（4カップ・p.19
　　参照）
薄口しょうゆまたはしょうゆ
　　大さじ1
みりん　大さじ1
塩　小さじ½
片栗粉　小さじ1（小さじ2の
　　水で溶く）

作り方

1　卵をボウルに割り入れて溶きほぐす。
2　だし汁を鍋で温める。薄口しょうゆ、みりん、塩を入れる。
3　だし汁が煮立ったら、水で溶いた片栗粉を入れて、軽くとろみ
　　をつける。
4　①の卵をまわし入れ、火を止める。卵に火が通りすぎてかたく
　　ならないよう気をつける。

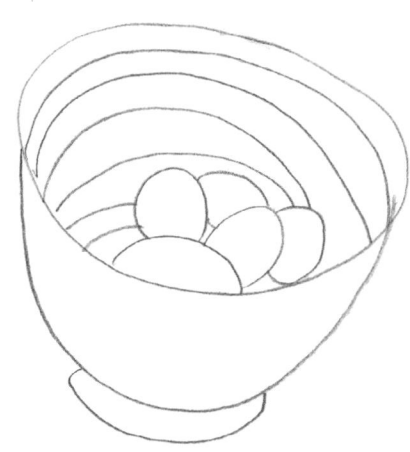

あらゆるところで大人気のサラダです。豆腐とごまはおたがいを本当によく引き立て合う食材ですし、シンプルなごまドレッシングは、サラダ以外にもいろいろな料理に応用できます。市販のごまソースは、日本の食材を売っているお店ならだいたいどこでも買えますが、実は自分で作るのも簡単ですし、そのほうがやりがいがあるというものです。気をつけなくてはならないのは豆腐の下ごしらえ。水きりをしすぎるとなめらかな舌触りがなくなり、足りないと水っぽくなってしまいます。ドレッシングをかけるのは食べる直前にしてください。

豆腐サラダのごまドレッシングがけ

材料（4人分）

絹ごし豆腐　300g
ミックスサラダリーフ　100g

〈ごまソース〉
炒りごま　150g
しょうゆ　100㎖（½カップ）
砂糖　80g

〈ごまドレッシング〉
ごまソース　大さじ4（材料は
　上記参照）
米酢　大さじ1〜2
長ねぎ（みじん切り）　大さじ1
　〜2
しょうが（みじん切り）小さじ2

作り方

1　ごまソースを作る。炒りごま100g分を粘り気がでるまですり鉢ですり、しょうゆ、砂糖を加える。残りの炒りごまも軽くすって加え、なめらかなペースト状になるまで混ぜる。

2　豆腐は水きりをし、厚さを半分に切った後4等分にし、8つに切り分ける。

3　ミックスサラダリーフは冷水につけてパリッとさせる。ざるにあげて水気をきり、冷蔵庫で冷やしておく。

4　ごまドレッシングを作る。①のごまソース大さじ4をボウルに入れ、米酢を加えて混ぜる。みじん切りにした長ねぎとしょうがを加える。

5　豆腐を器に盛り、④を回しかけ、ミックスサラダリーフをのせて食卓に出す。

日本には、何世紀も前に外国から伝わり、定着した料理がたくさんあります。麻婆豆腐もそのひとつで、もともとは中国の料理ですが、今では日本人にとてもなじみの深い一品です。長い年月のあいだに日本人の味覚に合わせて少しずつ変化しているので、本場中国の麻婆豆腐よりもあっさりしたマイルドな味わいになっています。さまざまなスパイスが一体となったすばらしい風味と食感で、白いごはんによく合います。私は今回和風にアレンジ。だし汁を使って作ってみました。

麻婆豆腐

材料（4人分）

だし汁　300㎖（1½カップ・p.19
　参照）
しょうゆ　60〜75㎖（大さじ4
　〜5）
砂糖　大さじ1
酒　大さじ1
みりん　30㎖（大さじ2）
にんにく　10g
しょうが（皮をむく）　15g
わけぎ　30g
絹ごし豆腐　600g
塩　少し
サラダ油　適量
合いびき肉　200g
赤唐辛子　1〜2本（種を取り
　除き、輪切りにしておく）
片栗粉　大さじ½〜1（同量の
　水で溶く）
ごはん　適量

作り方

1　ボウルにだし汁、しょうゆ、砂糖、酒、みりんを合わせる。砂糖が溶けるまでよくかき混ぜる。
2　にんにくとしょうがはみじん切り、わけぎは薄い小口切りにしておく。
3　豆腐は水きりをして1㎝角に切り、塩少しを入れた湯で湯通しをし、ざるにあげておく。
4　深めのフライパンか中華鍋にサラダ油少しを熱し、にんにく、しょうが、わけぎを炒める。
5　香りが立ったらひき肉を加え、肉の色が変わったら赤唐辛子を加えて炒める。①を注ぎ入れ、煮立ったら豆腐をそっと加える。
6　水で溶いた片栗粉を加え、とろみをつける。ごはんの上に盛り、熱いうちにいただく。

日本では、豆腐はステーキと同じように下ごしらえすると聞いたら驚かれるかもしれませんね。豆腐、にんにく、わけぎの絶妙のコンビネーションに万能しょうゆをかけたこの一品は、簡単に作れてしかもびっくりするほどよい香りがします。おいしく焼くため、豆腐の水気はきちんときるようにしてください。最後に削りガツオを少しトッピングするのですが、豆腐の熱でカツオがふわふわ丸まって、スモーキーな風味がいっそう味わいを深めてくれます。

豆腐ステーキ

材料（4人分）

絹ごし豆腐　600g
塩・こしょう　各少し
にんにく　大さじ2（すりおろす）
しょうが　25g
わけぎ　50g
サラダ油　大さじ3〜4
片栗粉または小麦粉　大さじ4〜5
削りガツオ　適量
万能しょうゆ　適量（材料は下記参照）

〈万能しょうゆ〉
みりん　100㎖（½カップ）
しょうゆ　300㎖（1½カップ）
昆布　10㎝

作り方

1　万能しょうゆを作る。小鍋でみりんを沸騰させ、火を弱めて2〜3分温め、アルコール分をとばす。火からおろして、しょうゆと昆布を加える。冷めたら冷蔵庫で保存しておく。
2　豆腐は水気をきり、4つに切り分ける。余分な水分はペーパータオルで拭き取る。
3　しょうがは皮をむいてすりおろす。わけぎは小口切りにする。
4　豆腐の両面に塩、こしょうをふり、にんにくのすりおろしをまぶす。
5　豆腐に片栗粉を軽くつける。
6　フライパンにサラダ油を熱し、豆腐を入れ、両面をこんがりと焼く。
7　豆腐を器に盛り、③のしょうがとわけぎ、削りガツオをのせ、万能しょうゆをかけていただく。

急なお客様があったときなどに、私がよく作る料理です。冷蔵庫をのぞいてみて、豆腐と合いそうなものは何でも使ってしまいます。トッピングの材料はすべて細かいみじん切りにしますが、これが豆腐のクリーミーななめらかさと合って、すてきな食感をもたらしてくれるのです。水きりした豆腐を、盛りつけ用のお皿にのせて冷蔵庫に入れておくと、あとの作業が楽にできます。ペーパータオルを豆腐のまわりに敷いて、余分な水分を吸い取るのをお忘れなく。

冷ややっこのカリカリトッピングのせ

材料（4人分）

絹ごし豆腐　600g
カリカリに炒めたベーコン
　　15g
くるみ　25g
わけぎ　30g
しょうが（みじん切り）　20g
青じそまたはバジルとミント
　（細く刻んでおく）　5枚
カリカリに揚げた薄切りにんに
　く（少量の油で焦がさないよ
　うに揚げる）　適量
炒りごま　大さじ1
万能しょうゆ　適量（材料は下
　記参照）

〈万能しょうゆ〉
みりん　100mℓ（½カップ）
しょうゆ　300mℓ（1½カップ）
昆布　10cm

作り方

1　万能しょうゆを作る。小鍋でみりんを沸騰させ、火を弱めて2〜3分温め、アルコール分をとばす。火からおろして、しょうゆと昆布を加える。冷めたら冷蔵庫で保存しておく。

2　豆腐は水きりをして盛りつけ用の皿にのせ、豆腐のまわりにペーパータオルを敷いて余分な水分を吸い取らせる。食卓に出すときまで冷蔵庫に入れておく。

3　トッピングを準備する。ベーコン、くるみ、わけぎは細かく刻み、しょうがのみじん切りと合わせておく。

4　トッピングの準備ができたら、豆腐を冷蔵庫から取り出し、ペーパータオルを取り除く。

5　豆腐の上からトッピングを散らし、さらに青じそ、炒めたにんにく、炒りごまをのせる。

6　万能しょうゆを豆腐のまわりにそっと回しかけ、食卓に出す。

みそで魚を煮る料理はたいへん伝統的で、とくに日本の男性に人気があります。このレシピはシンプルですが、こくがあり、しょうがを加えることでいっそう風味豊かになります。みそはサバとの相性がとくによいようです。魚を鍋に入れるタイミングは、煮汁が煮立ってからにしてください。煮立つ前に入れると、生臭くなってしまうかもしれません。私は煮汁を魚やつけ合わせの野菜（このレシピではクレソン）の両方にかけていただくのが好きです。サバのみそ煮といえば代表的な日本のおかずですが、ガーリックトーストと白ワインを添えてもおいしくいただけます。

サバのみそ煮

材料（2〜4人分）

サバの切り身（骨をのぞく）
　　250g
しょうが　30g
酒　200㎖（1カップ）
合わせみそ　大さじ3
砂糖　大さじ3
みりん　45〜60㎖（大さじ3〜
　　4）
しょうゆ　60㎖（大さじ4）
クレソン　40g

作り方

1　サバは1枚を4〜5等分に切る。
2　しょうがは皮をむいて薄切りにする。
3　鍋に酒、みそ、砂糖、みりん、しょうゆを入れて煮立てる。
4　③にサバの切り身を重ならないように並べ入れ、しょうがを入れる。
5　ふたたび煮汁が煮立ったら、落としぶたをして弱火で10分ほど煮る。10分たつと、煮汁に少しとろみがついてソースになる。
6　器にクレソンとともに盛りつけ、煮汁を魚とクレソンにかける。

このすばらしいみそ汁は母から習いました。母は、ペースト状になるまで上手にごまをする方法を教えてくれて、こうするとおみそ汁がもっとおいしくなるのよ、と言いながら、豆腐を包丁で切るかわりに手でくずして入れる方法も教えてくれました。とても健康的ですし、香りも抜群です。一日のうち、いついただいてもいいみそ汁です。春、山椒の葉が手に入るときには、薬味として使うのが好きです。出す直前に少し散らすと、春そのものを感じさせてくれます。

豆腐とごまのみそ汁

材料（4人分）

絹ごし豆腐　300g
だし汁　800ml（4カップ・p.19
　参照）
合わせみそ　大さじ4〜5
炒りごま　100g
炒りごま　適量
山椒の葉　適宜

作り方

1　すり鉢で炒りごま100gをする。ねっとりと、ペースト状になるまでする。

2　鍋にだし汁をあたためる。煮立つ前に、水きりした豆腐を手でくずしながら入れる。

3　みそを少しずつ入れて完全に溶けるまでよく混ぜる。①のすりごまを入れて、汁になじませる。

4　煮立つ直前で火を止める。炒りごまとあれば山椒の葉を散らす。

"とん汁" と呼ばれるこのみそ汁は、日本ではスタンダードな料理のひとつで、各家庭にそれぞれのレシピがあります。いちばん伝統的な作り方は、豆腐とみそとだし汁に、豚肉と大根、ごぼう、さといも、こんにゃくなど、さまざまな日本の野菜を入れたものです。このような野菜は、海外でも以前よりは手に入るようになってきましたし、おうちにある野菜で代用しても、十分おいしいとん汁が作れます。

とん汁（豚肉と野菜のみそ汁）

材料（4人分）

大根　200g
にんじん　90g
じゃがいも　150g
こんにゃく　200g
豚薄切り肉　200g
サラダ油　大さじ½
だし汁　1ℓ（5カップ・p.19
　参照）
酒　30㎖（大さじ2）
合わせみそ　大さじ4〜5
長ねぎ　½本（薄切りにして水
　にさらしてから水気をきる）
七味唐辛子　適量

作り方

1　大根とにんじんの皮をむく。縦4つ割りにしてから5㎜の厚さに切る。じゃがいもの皮をむいてひと口大に切る。水に2〜3分さらして余分なでんぷん質を取る。こんにゃくは小さくちぎって沸騰したお湯で湯がいてアクを抜き、水気をきっておく。

2　豚肉をラップでゆるめに包み、まな板の上でめん棒でたたいてやわらかくする。ラップをはずして3〜4㎝に切る。

3　大きな深鍋に油を熱して豚肉を入れ、色が変わるまで炒める。①の大根、にんじん、じゃがいも、こんにゃくを入れてから、だし汁と酒を加えてことこと煮る。

4　煮立ったらアクを取る。弱火にしてじゃがいもがやわらかくなるまで煮る。

5　みそを少しずつ溶き入れて、よく混ぜる。長ねぎの薄切りを散らして出す。

6　好みで七味唐辛子をふる。

※日本では豚薄切り肉が手に入るので、②のめん棒でたたくプロセスははぶく。

日本人ならたいていそうですが、私も1杯の温かいみそ汁で1日をはじめるのが好きです。日本の朝食に欠かせない一品なのです。みそはとても健康的で便利な調味料です。どんな野菜とも相性がいいので、私は家族の朝食のみそ汁には、残りものの野菜をよく入れます。お好きな具で作ってみてください。ほうれんそう、にんじん、大根、海藻、豆腐……ほとんど何でも合います。

じゃがいもと玉ねぎのみそ汁

材料（4人分）

じゃがいも　150g
玉ねぎ　80g（皮をむく）
だし汁　800mℓ（4カップ・p.19
　参照）
合わせみそ　大さじ4〜5

作り方

1　じゃがいもは皮をむき、4等分してから5mmの薄切りにする。2〜3分冷水にさらして余分なでんぷん質を取り除いてから、ざるにあげて水気をよくきる。玉ねぎを薄切りにする。
2　鍋にだし汁をあたため、じゃがいもを入れて弱火にかける。
3　じゃがいもにだいたい火が通ったら、玉ねぎを入れて、やわらかくなるまでさらに弱火で煮る。
4　③にみそを少しずつ溶き入れる。でき上がったらすぐに出す。

私は、ときどき、ホワイトソースにみそを加えます。味わいが深まり、舌ざわりも優しくまろやかになって、とても日本的な風味が出るからです。豆腐など他の材料を使ったレシピにも、このみそホワイトソースはよく合います。ここではオヒョウを使いましたが、他の白身魚でも大丈夫です。

オヒョウとなすのみそグラタン

材料（4人分）

オヒョウの切り身　300g
なす　400g
長ねぎ　300g
オリーブ油　60mℓ（大さじ4）
ピザ用チーズ　150〜200g
塩・こしょう　各少し

〈みそホワイトソース〉
有塩バター　40g
小麦粉　50g
牛乳　300mℓ（1½カップ）
生クリーム　300mℓ（1½カップ）
白みそまたは合わせみそ　60〜
　65g
みりん　30mℓ（大さじ2）
砂糖　大さじ1½

作り方

1　みそホワイトソースを作る。鍋にバターを溶かし、小麦粉を加えてルゥを作る。焦がさないよう、かき混ぜ続ける。牛乳を少しずつ加え、だまができないよう、再びかき混ぜ続ける。ゆっくりと沸騰させ、生クリーム、白みそ、みりん、砂糖の順に入れ、よくなじませる。
2　オヒョウは6cmぐらいに切る。
3　皮むき器を使ってなすの皮をむき、さらに2cm幅の斜め切りにする。2〜3分水に浸してアクを抜いたら、水気をよくきっておく。
4　長ねぎは2cm幅の斜め切りにする。
5　フライパンにオリーブ油大さじ3を入れて熱し、③のなすを炒める。さらに④の長ねぎを加え、軽く火が通ったら、フライパンから取り出しておく。
6　フライパンに残りのオリーブ油を足し、②のオヒョウを加えてこんがりと焼き色をつける。塩、こしょうで味を調える。
7　①のみそホワイトソースになす、長ねぎ、オヒョウを入れ、ゆっくりと混ぜ合わせる。
8　これをオーブン用のキャセロール皿に入れ、ピザ用チーズを全体にふり、200℃に温めておいたオーブンで約20分焼く。

すばらしくおいしいピクルスです。ふつう、おすしと一緒に食べるのですが、他のさまざまな料理に添えても合います。見かけと違い、じつは作り方もとても簡単。しょうがの薄切りをゆでて、甘酢に漬けるだけです。作ってしまえば冷蔵庫で2～3週間はもつので、さまざまな献立に役立ちます。

しょうがの甘酢漬け（ガリ）

材料

しょうが（薄切り）　120g

〈甘酢〉
米酢　100㎖（½カップ）
みりん　大さじ½
砂糖　20～30g
塩　小さじ1

作り方

1　甘酢を作る。材料をすべてボウルに合わせ、塩と砂糖が完全に溶けるまでよくかき混ぜる。

2　しょうがをできるだけ薄く切る。

3　小鍋に水を沸騰させてしょうがを入れ、表面が透き通るまでゆでる。せっかくの香りがなくなってしまうので、ゆですぎないように気をつける。ゆで上がったらざるにあげる。

4　しょうがの水気をよくきり、熱いうちに甘酢に漬ける。

私は自分のレシピに黒ごまや白ごまを使うのが大好きです。ごまは食感、香り、味を高めてくれるし、色づけにもなります。日本料理ではごまをたくさん使います。野菜をごまだれであえるのもごく一般的なおかずです。私は冷蔵庫にごまだれを作りおきしておいて、いつでも使えるようにしています。ごまは使う前に必ず炒ってください。いっそう香ばしくなりますし、すりやすくなります。ごまや練りごまが手に入らないときは、ピーナッツバターやタヒニでもかまいません。このごまだれはいろいろ応用がききます。酢、みそ、だし汁などを加えて好みのたれを作ってみてください。

いんげんのごまあえ

材料（4人分）

さやいんげん　200g
塩　少し

〈ごまだれ〉
炒りごま　50g
砂糖　大さじ2
みりん　大さじ½
しょうゆ　大さじ½〜1
塩　適量

作り方

1　いんげんは、塩少しを加えた熱湯でゆでてざるにあげ、冷たい流水で冷ましてから水気を拭き取る。

2　ごまだれを作る。ごまをすり鉢に入れる。ごまがペースト状になるまですり、砂糖、みりん、しょうゆを加えてよく混ぜる。好みで塩を少し加えてもよい。

3　②のごまだれでいんげんをあえる。

※ごまだれはフードプロセッサーで作ることもできるが、その場合はフードプロセッサーにかけすぎないように注意する。

かぼちゃは日本でとても人気のある野菜です。さまざまな調理法がありますが、このレシピもかぼちゃを生かした料理で、かぼちゃの甘みとごまの香りがみんなに好評です。デザートのように甘いおかずですが、メイン料理のつけ合わせにもぴったりです。日本のかぼちゃは皮が薄いので、私は皮つきのまま使いますが、皮の厚いものしか手に入らないときには、皮をむいてください。

かぼちゃの甘煮

材料（4〜6人分）

かぼちゃ　900g（種とワタを取って700g）
水　200〜300㎖（1〜1½カップ）
砂糖　60〜80g
薄口しょうゆ　大さじ1
炒りごま　30g

作り方

1　かぼちゃの種とワタを取り、2〜3cm角に切る。必要なら皮をむく。
2　鍋に水、砂糖、薄口しょうゆを入れて火にかける。ひと煮立ちしたらかぼちゃを入れる。
3　かぼちゃが鍋にくっついたり焦げついたりしないように、つねに混ぜながら煮る。汁気が少なくなるまで煮含め、さらに焦がさないように注意して粉ふきにする。火を止めてそのまま冷ます。
4　冷めたら炒りごまを加えてよくからめる。

新鮮な野菜は、生のまま食べるのが一番おいしいですね。私はいろいろな種類のディップと一緒に食卓
に並べるのが大好きです。そのディップに、ごまソースを使ってみたら目先が変わるかな、と思ってや
ってみたのがこのレシピです。今では、我が家のパーティーでは必ずリクエストが出るほど人気の一品
となりました。食卓に出してもまだパリパリしているような、旬の野菜を使ってください。
以下の野菜はディップによく合うと思います。分量は、食べる人数に合わせて調節してください。

野菜のごまディップ

材料

プチトマト
セロリ
にんじん
カリフラワー

〈ごまソース〉
炒りごま　150g
しょうゆ　100mℓ（½カップ）
砂糖　80g

作り方

1　ごまソースを作る。炒りごまは、100g分をペースト状になるま
　　ですり、しょうゆ、砂糖を加えてよく混ぜる。残りの50gの炒
　　りごまも軽くすって加え、なめらかなペースト状にする。
2　プチトマトは洗っておく。
3　セロリはかたい筋を取り、5cm長さのスティック状に切る。
4　にんじんは皮をむき、長さ5cm、太さ2cmの拍子木切りにする。
5　カリフラワーは食べやすい大きさに切り、洗って水気をきって
　　おく。
6　②〜⑤の野菜を、ごまソースを入れた器のまわりに盛りつける。

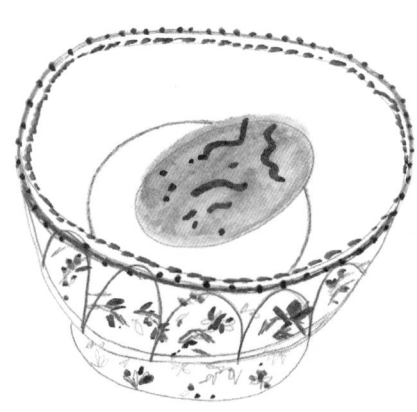

クレソンは、火を通しても、生でもよく使う、私の大好きな野菜です。このレシピは、クレソン、ブロッコリーやアスパラガス、ほうれんそうなど、たいていの青野菜に応用できます。ピーナッツバターはどこでも手に入りますから、いつでも簡単に作れる一皿です。

クレソンのピーナッツドレッシングあえ

材料（4人分）

クレソン　220g
塩　少し
ピーナッツバター(クランチ／
　スムーズ)　大さじ1
しょうゆ　大さじ1½
みりん　大さじ1½〜2

作り方

1　クレソンは洗って葉と茎に分け、2〜3cm長さに切っておく。
2　鍋に水を入れて火にかけ、沸騰したら、塩を加え、クレソンを茎、葉の順に入れる。
3　茎が少しやわらかくなってきたら火を止めてざるにあげ、流水にさらした後、軽く絞っておく。
4　ピーナッツバターをボウルに入れ、しょうゆ、みりんを加えてなめらかになるまで混ぜる。
5　④のドレッシングにクレソンを入れ、よくあえる。好みで塩少しで味つけする。

日本のどの家庭でも食べている、シンプルな料理です。軽くゆでた野菜に、削りガツオとしょうゆをかけただけの組み合わせですが、これがとてもおいしいのです。他の野菜にも応用がききます。急に野菜料理をもう1品、というときなどに私がよく作るレシピです。

ほうれんそうのおひたし

材料（4人分）

ほうれんそう　200g
塩　少し
万能しょうゆまたはしょうゆ
　適量（万能しょうゆの材料は
　下記参照）
削りガツオ　適量

〈万能しょうゆ〉
みりん　100㎖（½カップ）
しょうゆ　300㎖（1½カップ）
昆布　10㎝

作り方

1　万能しょうゆを作る。小鍋でみりんを沸騰させ、火を弱めて2〜3分温め、アルコール分をとばす。火からおろして、しょうゆと昆布を加える。冷めたら冷蔵庫で保存しておく。

2　ほうれんそうは、洗ってから根元を切り落として葉と茎に分け、3〜4㎝長さに切っておく。

3　鍋に水を入れて火にかけ、沸騰したら塩少々を加え、ほうれんそうを茎、葉の順に入れる。さっとゆでたら火を止めて流水にさらし、ざるにあげる。

4　ほうれんそうを手でかたく絞り、水気がきれたら軽くほぐしておく。

5　器に盛りつけ、削りガツオをのせて万能しょうゆかしょうゆをかけていただく。

海外ではじめてきゅうりを見たときは、そのサイズにびっくりしました。とても大きいし水分が多いのです。日本のきゅうりは小さくてパリパリしています。日本のきゅうりが手に入らないときは、スプーンで種を取り除いて使ってください。この即席漬けは1年中を通して常に作っています。

きゅうりの即席漬け

材料（4人分）

しょうゆ　100㎖（½カップ）
米酢　100㎖（½カップ）
砂糖　大さじ4
ごま油　適量
きゅうり　550〜600g
塩　小さじ1
しょうが(皮をむく)　30g

作り方

1　しょうゆ、米酢、砂糖、ごま油を混ぜておく。
2　きゅうりの端を落とす。塩をまぶして2〜3分板ずりをしてから洗う。こうすると余分な水分が抜けて色もよくなる。
3　きゅうりを縦半分に切り、スプーンで種を取りのぞく。めん棒で軽くたたいて割れ目を入れてから、ひと口サイズに切る。
4　しょうがは細いせん切りにする。
5　きゅうりとしょうがをポリ袋に入れて、①のたれを入れる。短くても2〜3時間は冷蔵庫におく。2日間はパリパリした食感を楽しむことができる。

私の故郷、下田は、伊豆半島の先端にある海辺の町です。子どもの頃から、魚だけではなく海藻類も含めて海の幸をふんだんに食べて育ちました。日本料理はいろいろな種類の海藻を使います。一番有名なのは、すしによく使うパリッと乾燥させたのり。乾燥させた昆布はだし汁などに使います。ヒジキは水で戻してサラダなどに使います。そして今回のレシピに使うのがわかめ。薄切りにしたきゅうりのサクッとした歯ざわりと、わかめの食感とがうまくマッチした一品です。あっさりと甘酢であえたわかめの風味は、私の昔からのお気に入りです。

きゅうりとわかめの甘酢あえ

材料（4人分）

きゅうり　400g
塩　少々
乾燥わかめ　5g
塩　小さじ⅓
米酢　150m*ℓ*（¾カップ）
砂糖　大さじ2
しょうが(すりおろす)　少し

作り方

1 わかめは洗ってから水に10分ほど浸して戻し、ひと口大に切っておく。
2 きゅうりは縦半分に切り、スプーンで種を削ってから、4〜5mm幅の斜め薄切りにする。
3 ②のきゅうりをボウルに入れて塩を少しふり、5〜10分ほど置いて、水気をよく絞っておく。
4 ボウルに塩、米酢、砂糖を入れてよく混ぜ、よく水気を絞った③のきゅうりと①のわかめを加える。しばらく冷蔵庫に入れ、冷やしておく。ただし、長く冷やしすぎると、わかめときゅうりの色や歯ざわりが悪くなるので注意すること。
5 小さな器に盛り分け、しょうがをのせる。

日本のアスパラガスは大きめのものが多いため、イギリスで売られているアスパラガスがあまりに小さくて驚いたことがあります。「白あえ」は、ほぼどんな野菜でも使える幅広い日本料理で、豆腐のあえ衣であえます。私は、ごまとみその分量を調整し、使う野菜にいちばん適した味つけにするようにしています。熟したアボカドを加えてクリーミーな感じにしたり、あるいはアボカドをさいの目切りにして、食感を変えてみることもあります。手に入りやすい野菜を使って気軽に作ってみてください。

アスパラガスの白あえ

材料（4人分）

絹ごし豆腐　300g
グリーンアスパラガス　200g
すりごま　大さじ4
砂糖　大さじ2
薄口しょうゆ　小さじ1
合わせみそ　小さじ½
塩　少し

作り方

1　水気をきった豆腐をさらにペーパータオルで包み、皿などで重しをして余分な水気を取り、重さを6割ぐらいまでにする。
2　アスパラガスのはかまをそぎ取り、斜め3つに切る。
3　沸騰した湯に塩少々とアスパラガスを入れ、ゆでてざるにあげる。取り出したときに、まだ少しかたいくらいがよい。流水で冷ましてから、水気をきっておく。
4　豆腐をボウルに入れ、すりごま、砂糖、薄口しょうゆ、みそを順に加え、よく混ぜ合わせる。
5　アスパラガスを加え、味をからませる。足りなければ塩を加え、調整する。
6　小鉢に分けて盛りつける。

お気に入りレシピのなかでもたぶんトップ3に入る、うちの家族も大好きな料理です。ポイントは、調理する前に、切ったなすを5〜10分ぐらい水につけ、アクを抜くこと。日本では、なすやごぼうなどの野菜は、切ってから必ずしばらく水にさらしてアクを取ります。

なすのピリ辛ソースあえ

材料（4人分）

なす　560g
しょうゆ　90㎖（大さじ6）
みりん　90㎖（大さじ6）
砂糖　大さじ2½
米酢　60㎖（大さじ4）
揚げ油　適量
長ねぎ（みじん切り）
　大さじ2〜3
にんにく（みじん切り）
　小さじ1
しょうが（みじん切り）
　小さじ1
赤唐辛子　1〜2本（種を取り、
　小口切りにする）
長ねぎ　適量（せん切り・水に
　さらして水気をきる）

作り方

1　なすのへたを取り、皮むき器を使って、皮を縞目にむく。3㎝ぐらいの輪切りにし、さらに4等分する。水を入れたボウルに放し、5〜10分浸したあと、水気をきっておく。
2　しょうゆ、みりん、砂糖、米酢を合わせ、ソースを作る。
3　揚げ油を熱し、なすを揚げる。
4　なすの中心部がしんなりしてきたら、余分な油を取り除き、②のソースの中に入れる。さらにみじん切りの長ねぎ、にんにく、しょうが、赤唐辛子を加える。
5　しばらくおいて味をなじませてから、器に盛り、長ねぎのせん切りを添える。

このレシピは、試行錯誤をくり返して生まれたものです。あるとき友人から大量のプチトマトをいただいて、サラダ、トマトソースなど、たくさんのトマト料理を作ったことがありました。それでもまだ余ったので、ピクルスを作ってみることにしたのです。最初に漬けた分は失敗してしまったのですが、その後、プチトマトがピクルス液をちゃんと吸うように、あらかじめトマトに穴をあけておく方法を思いつきました。結果は大成功。氷を敷いた上に盛りつけたプチトマトのピクルスは、今ではうちの定番の冷菜になっています。とてもおいしいだけでなく、彩りとしてもきれいなので、使い勝手のよいレシピだと思います。

プチトマトのピクルス

材料

プチトマト　600g

〈ピクルス液〉
米酢　300㎖（1½カップ）
砂糖　50g
塩　小さじ1

作り方

1　ピクルス液を作る。ボウルに米酢、砂糖、塩を合わせ、砂糖と塩が溶けるまでよくかき混ぜる。
2　プチトマトは洗って水気をきり、ヘタを取っておく。
3　プチトマトに、楊枝でそれぞれ数か所穴をあける。
4　ガラスの保存容器にトマトを入れ、①のピクルス液を注ぐ。冷蔵庫で3〜4日おく。

ステーキとマッシュポテトは、みんなが大好きな組み合わせです。とくに夫の大好物なので、私も気が
つくとしょっちゅうマッシュポテトを作っています。マッシュルームで昔ながらのあんを作って、マッ
シュポテトをあんかけにしてみました。マッシュポテトといえば古典的な西洋料理ですが、こんなふう
に和風のソースをかけることでひと味ちがうものに変身します。マッシュポテトとマッシュルームのあ
んは相性がぴったりで、古典的な料理に新鮮な変化をつけてくれます。

マッシュポテトの和風あんかけ

材料（4人分）

じゃがいも　500g
生クリーム　150mℓ（¾カップ）
塩　適量
ホワイトまたはブラウンマッシ
　ュルーム　150g
えのき茸　100g
わけぎ　30g

だし汁　400mℓ（2カップ・p.19
　参照）
薄口しょうゆ　30mℓ（大さじ
　2）
みりん　大さじ1
砂糖　ひとつまみ
塩　適量
片栗粉　大さじ1（水大さじ1
　で溶く）

作り方

1　じゃがいもの皮をむき、ひと口大に切る。2〜3分水にさらし
　て余分なでんぷん質を取り除いてから、水をきる。鍋に水とじ
　ゃがいもを入れて火にかけ、やわらかくなるまでゆでる。
2　マッシュルームは軸を落とし、十字に包丁を入れて4等分に切
　る。えのき茸は根のほうを切り落とし、1cm幅に切る。わけぎ
　は1cm幅の輪切りにする。
3　じゃがいもが熱いうちにつぶして生クリームを加え、なめらか
　になるようによく混ぜる。塩をふる。
4　鍋にだし汁を入れて煮立てる。薄口しょうゆ、みりん、砂糖を
　加える。砂糖が溶けたらマッシュルームとえのき茸を入れる。
　マッシュルームがやわらかくなるまで少し煮る。味をみて、足
　りなければ塩を足す。
5　最後に水で溶いた片栗粉でとろみをつけて、わけぎを入れる。
　③のマッシュポテトに④のあんをかける。

ロンドンに行くと、スーパーマーケットを訪ねていろいろな食品を見るのが楽しみです。とくにじゃがいもの種類が豊富なことにいつも驚きます。ここでご紹介するのは、エビと鶏ひき肉で作る少し甘めのあんで、ふつうはごはんと一緒にいただきます。ロンドンでいろいろなじゃがいもを試してみた結果、とくに小ぶりの新じゃがに、この日本の古典的なソースがぴったり合うと思いました。肉とシーフードの組み合わせのおいしさに、驚かれると思います。ほかの肉や野菜を使ってもおいしく作れますので、ぜひ試してみてください。

新じゃがのエビと鶏ひき肉あんかけ

材料（4人分）

新じゃが　1kg
だし汁　200㎖（1カップ）
しょうゆ　大さじ1
薄口しょうゆ　大さじ1
酒　大さじ1
砂糖　大さじ1
みりん　30㎖（大さじ2）

〈エビと鶏ひき肉のあん〉
エビ　200g
鶏ひき肉　100g
にんじん（皮をむく）　40g
だし汁　400㎖（2カップ）
しょうゆ　大さじ1
薄口しょうゆ　30㎖（大さじ2）
酒　30㎖（大さじ2）
みりん　30㎖（大さじ2）
砂糖　大さじ3
塩　少し
片栗粉　大さじ1（水大さじ1で溶く）

作り方

1　じゃがいもは洗って半分に切る。新じゃがでなく、ふつうのじゃがいもを使う場合は皮をむき、でんぷん質を取り除くため、2〜3分水にさらしてから水気をきって、鍋に入れる。

2　鍋にだし汁、しょうゆ、薄口しょうゆ、酒、砂糖、みりんを入れ、じゃがいもを煮る。煮立ったら火を弱くしてふたをし、汁気がなくなるまで煮含める。火からおろして冷めないようにしておく。

3　エビと鶏ひき肉のあんをつくる。エビは背ワタを取って細かく刻む。

4　にんじんは小さな角切りにする。

5　ボウルに鶏ひき肉、にんじんを入れてよく混ぜ合わせる。

6　鍋にだし汁、しょうゆ、薄口しょうゆ、酒、みりん、砂糖を入れ、煮立たせる。⑤をほぐしながら鍋に入れる。ひと煮立ちしたらアクを取り、刻んだエビを入れて塩で味を調える。

7　エビはすぐに火が通るので、火を通しすぎないように気をつける。鍋の具を混ぜながら水溶き片栗粉を加えてとろみをつける。

8　深皿に②のじゃがいもをよそい、上からエビと鶏ひき肉のあんをかける。

ヨーロッパに行って、じゃがいもの種類がずいぶんたくさんあることを知って、じゃがいもを使った新しいレシピを作ってみたくなりました。ここではじゃがいもをバターとしょうゆのたれで味つけしました。このふたつはびっくりするほどよく合う組み合わせです。このレシピのじゃがいもは大きめに切ったほうがおいしくできます。

甘辛しょうゆだれのポテト

材料（4人分）

じゃがいも　4個
しょうゆ　大さじ1½〜2
砂糖　大さじ2
有塩バター　大さじ1

作り方

1　じゃがいもの皮をむき、4つ割りにし、水に2分ほどさらし、余分なでんぷん質を取る。中に火が通るまでゆでてから、ざるにあげておく。
2　鍋にしょうゆと砂糖を入れ、砂糖が溶けるまで煮てたれを作る。
3　ゆでたじゃがいもを入れて、たれが全体にまんべんなくからむまで混ぜる。味がしみこむまで弱火で少し煮る。
4　最後にバターを入れて、もう一度混ぜる。

にんじんは私の大好物です。イギリスで食べたにんじんはカリッとした歯ごたえがあって、とくにおいしいと思いました。日本以外の国でピクルス用に使われるお酢は、ふつう酸味が強くてツンときますが、私がこのレシピに使う合わせ酢は控えめな酸味です。そのまま食べてもおいしいですが、シャキシャキした食感を生かして、生ハムやゆでダコと合わせたり、お刺身をのせ、オリーブ油をふり、パルメザンチーズを散らして盛れば、立派な前菜になります。

にんじんとセロリのピクルス

材料（4人分）

にんじん　300g
セロリ　200g
しょうが　80g

〈合わせ酢〉
みりん　200mℓ（1カップ）
米酢　200mℓ（1カップ）
砂糖　大さじ2〜3
塩　小さじ2

作り方

1　合わせ酢を作る。小鍋にみりんを入れて火にかける。沸騰したら、弱火にしてそのまま3分間煮立てる。火からおろして、熱いうちに米酢、砂糖、塩を加える。砂糖と塩が溶けるまで混ぜてから冷ます。

2　にんじんは皮をむき、セロリは筋を取って、それぞれ5cm長さのせん切りにする。しょうがも皮をむいて、同じような大きさにせん切りする。

3　にんじん、セロリ、しょうがを保存ビンに入れる。①の合わせ酢を注ぎ入れ、冷蔵庫に入れる。1週間保存できる。

私はにんじんが大好きですが、日本とイギリスでは、風味が違い、食感もそれぞれだということに驚きました。イギリスのにんじんのほうがどちらかといえば、かたいように思います。ある料理を作ろうとして、にんじんをみじん切りにしていたとき、ふと、代わりにすりおろしたにんじんを入れたらどうかしら、と思いつきました。

おろしにんじんのサラダ

材料（4人分）

ミックスサラダリーフ　1袋
にんじん（皮をむく）　80g
ポン酢じょうゆ　45～60㎖（大
　さじ3～4・材料は下記参照）
ごま油　大さじ1

〈ポン酢じょうゆ〉
みりん　100㎖（½カップ）
しょうゆ　100㎖（½カップ）
レモン汁　60㎖（大さじ4）
昆布　5㎝

作り方

1　ポン酢じょうゆを作る。小鍋にみりんを入れ、沸騰したら火を弱め、弱火のままさらに2～3分火にかけ、アルコール分をとばす。火からおろしたら、しょうゆ、レモン汁、昆布を入れる。粗熱が取れたら、冷蔵庫で冷やしておく。
2　ミックスサラダリーフはシャキッとさせるため、氷水に取ってから水気をよくきり、ドレッシングとあえる直前まで冷蔵庫に入れておく。
3　にんじんはすりおろす。
4　①のポン酢じょうゆとごま油を混ぜ、ドレッシングを作る。
5　ミックスサラダリーフを皿にのせ、③のすりおろしたにんじんを全体に広げる。④のドレッシングをかけていただく。

何年も前、まだあまり海外に行くこともなかったころのことですが、海外に住む友人の家に招待された
とき、生のカリフラワーを出されてびっくりしました。ディップをつけていただくオードブルでした。
今となっては、日本以外の国ではわりと一般的な食べ方なのだと知っていますが、当時は本当に驚きま
した。この経験を経て、生のカリフラワーを薄切りにしてサラダに入れたり、ほかの料理にも使ってみ
たりするようになりました。でもこのレシピには、軽く火を通したカリフラワーが一番合います。飲み
ものと一緒に前菜として出してもよいですし、カレーとの相性も抜群です。

カリフラワーのホットピクルス

材料

カリフラワー　500g
にんにく（薄切り）　15g
赤唐辛子　2本
サラダ油　45㎖（大さじ3）
米酢　100㎖（½カップ）
顆粒鶏ガラスープ　大さじ1
しょうゆ　小さじ1

作り方

1　カリフラワーをひと口大に切る。
2　フライパンに油を熱し、にんにくの薄切りを炒める。香りが立
　　ったらカリフラワーと赤唐辛子を入れて、強火で手早く炒める。
3　火を止め、米酢と顆粒鶏ガラスープを加えてさっと混ぜる。仕
　　上げにしょうゆをふる。

マヨネーズを使ったコールスローとはまったく違うものです。とてもあっさりしたシンプルなサラダです。作り方は簡単で、あっという間にできて、味は抜群ですが、キャベツのせん切りを氷水に入れてパリッとさせるのを忘れないでください。そして、かならず炒りごまを使ってください。

和風コールスロー

材料（4人分）

キャベツ　300g
玉ねぎ　50g
サラダ油　小さじ1
米酢　45〜60ml（大さじ3〜4）
砂糖　小さじ1〜2
薄口しょうゆ　適量
塩・こしょう　各少し
炒りごま　大さじ4

作り方

1　キャベツと玉ねぎをせん切りにする。ボウルに入れた冷水に2〜3分つける。水をよくきって、一緒にボウルに入れ、冷蔵庫で30分ほど冷やす。こうするとキャベツと玉ねぎがシャキッとする。

2　料理を出す直前に、冷蔵庫から①のボウルを出して油、米酢、砂糖、薄口しょうゆをこの順番で入れ、手早く混ぜ合わせる。

3　塩とこしょうで味を調え、炒りごまをふってすぐに出す。

晩ごはんに野菜のおかずを作ろうとしたとき、冷蔵庫にわけぎとしいたけしかなかったことがありました。簡単でおいしいこのレシピは、そのとき生まれたものです。本当にシンプルな料理ですが、酒としょうゆを加えたことで味にコクが出て、ちょっぴり特別な味わいになりました。

わけぎとしいたけの炒めもの

材料（4人分）

わけぎ　180g
しいたけ　130g
サラダ油　45㎖（大さじ3）
酒　30㎖（大さじ2）
しょうゆまたはにんにくしょう
　　がじょうゆ　30㎖（大さじ2・
　　材料と作り方はp.44参照）
七味唐辛子　適宜

作り方

1　わけぎは5〜6㎝の長さに切る。
2　しいたけは石づきを取り、2〜3㎝幅に切る。
3　フライパンにサラダ油を熱し、しいたけとわけぎを炒める。わけぎに火が通ったら、酒、しょうゆの順に加える。
4　好みで七味唐辛子をふる。

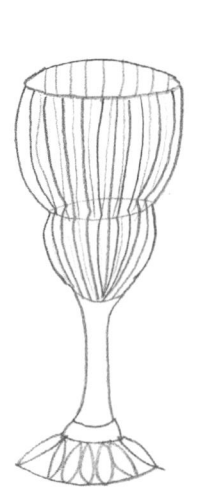

私はいつも新しい野菜料理ができないかと考えています。このレシピはシンプルですが、たれがきいていて、いろいろな野菜を食べてもらいたいときにとても役に立ちます。この本の冒頭でご紹介したように、応用範囲の広いたれはいくつもありますが、めんつゆを使ったたれもそのひとつです。野菜はふだんよりも少し小さめに切りましょう。そのほうがおいしそうに見えますし、食べやすくなります。この料理は冷蔵庫で3〜4日くらいもちますし、熱くても冷たくてもおいしくいただけます。どんな野菜でも応用できる、季節をとわずに作れる万能レシピです。

ミックス野菜の揚げびたし

材料

なす　210g

かぼちゃ　210g

オクラ　10個

赤パプリカ　1個(約100g)

黄パプリカ　1個(約100g)

揚げ油　適量

〈めんつゆ〉

だし汁　400㎖(2カップ・p.19
　参照)

しょうゆ　75㎖(大さじ5)

みりん　30㎖(大さじ2)

砂糖　大さじ1

作り方

1　めんつゆを作る。鍋にだし汁、しょうゆ、みりん、砂糖を合わせて強火にかけ、ひと煮立ちさせる。火からおろして冷ましてから深皿に入れておく。あとでこの器に揚げた野菜を入れる。

2　なすはへたを取り、縦半分に切る。それをさらに6等分して5分ほど水にさらしてアクを抜いてから水気を拭き取る。

3　かぼちゃは種とわたを取り、2〜3cm角に切る。

4　パプリカは縦に切って種を取り除く。ひと口サイズに切る。

5　オクラはがくを取る。

6　②〜⑤の野菜を油で揚げる。軽く火が通ったら、網やペーパータオルなどに取って、余分な油分を落とす。熱いうちに①のめんつゆに入れる。

7　あつあつでも、冷たくしてもおいしくいただける。

私は野菜が大好きなので、いつも野菜を使った新しいレシピを考えています。軽くゆでた野菜と、みそで作ったソースの組み合わせは、とてもおいしくて簡単。この料理はどんな野菜でもできますが、カリッとした歯ごたえが大切なので、火を通しすぎないようにするのがポイントです。みそソースが濃すぎるときは、だし汁を少し加えてのばしてください。

ゆで野菜のみそソースあえ

材料（4人分）

さやいんげん　100g
カリフラワー　100g
ブロッコリー　100g
塩　少し
七味唐辛子　適量

〈みそソース〉
合わせみそ　400g
酒　100㎖（½カップ）
みりん　200㎖（1カップ）
砂糖　80〜100g

作り方

1　みそソースを作る。鍋に材料を入れ、中火にかける。ひと煮立ちしたら弱火にして、焦げつかないようにときどき混ぜながら20分ほど煮る。火からおろし、冷めたら冷蔵庫に入れる。2〜3週間保存できる。

2　サラダを作る。いんげんは下処理して、斜め切りで3分割する。カリフラワーとブロッコリーは小房に分ける。

3　鍋に湯をわかして塩を少し入れ、ブロッコリー、カリフラワー、いんげんの順番に入れて軽くゆでる。このとき火を通しすぎないように、野菜の歯ごたえが残る程度にゆでること。冷たい流水で冷ましてから水気をきる。

4　③の野菜の水気をよく拭いてからボウルに入れ、みそソース大さじ3であえる。お好みで七味唐辛子をふる。

英国で日本料理のための食材が手に入る店

日本食材店

ARIGATO

48 - 50 Brewer Street
London W1F 9TG
T: 020 7287 1722

ATARI-YA FOOD

7 Station Parade, Noel Road
London W3 0DS
T: 020 8896 1552 (closed Monday)
www.atariya.co.uk

595 High Road, North Finchley
London N12 0DY
T: 020 8466 6669 (closed Monday)

15 - 16 Monkville Parade
Finchley Road, London NW11 0AL
T: 020 5458 7626 (closed Monday)

44 Coombe Road
Kingston-upon-Thames
Surrey KT2 7AF
T: 020 8547 9891

CARDIFF FOOD

116 Woodville Road
Cathays, Cardiff CF24 4EE
T: 02920 223 225

FUJI FOODS

167 Priory Road, London N8 8NB
T: 020 8347 9177 (closed Monday)

JAPAN CENTRE FOOD SHOP

212 Piccadilly, London W1J 9HG
T: 020 7434 4218
www.japancentre.com

JAPANESE KITCHEN

T: 01453 872013
www.japanesekitchen.co.uk

JASMIN JAPANESE FOOD SHOP

Stanton House Hotel
The Avenue, Stanton Fitzwarren
Swindon SN6 7SD
T: 0870 084 1388
www.stantonhouse.co.uk
(open Sunday 12 - 8pm; closed
    Monday - Saturday)

MINAMOTO KITCHOAN

44 Piccadilly, London W1J 0DS
T: 020 7437 3135
www.kitchoan.com

NATURAL NATURAL

20 Station Parade, Uxbridge Road
London W5 3LD
T: 020 8992 0770

1 Goldhurst Terrace
London NW6 3HX
T: 020 7624 5734

105A Ballards Lane, London N3
    1XY
T: 020 8371 9669
www.natural-natural.co.uk

OKI-NAMI

6 New Road
Brighton, East Sussex BN1 1UF
T: 01273 773777
www.okinami.com

ORIENTAL MART

6 - 8 Heathcote Street
Nottingham NG1 3AA
T: 0115 9506615
www.orientalmart.co.uk

RICE WINE SHOP

82 Brewer Street, London W1F 9UA
T: 020 7439 3705
www.ricewineshop.com

SAKI BAR & FOOD EMPORIUM

4 West Smithfield, London EC1A
 9JX
T: 020 7489 7033
www.saki-food.com

TK TRADING

Unit 7, The Chase Centre
Chase Road, Park Royal
London NW10 6QD
T: 020 8453 1743
www.japan-foods.co.uk2

アジア料理食材店

ASIA-MARKET

60A Northgate
Canterbury, Kent CT1 1BB
T: 01227 784200

CENTRAL CASH & CARRY ORIENTAL
 FOOD CENTRE

Central House, Union Street
Luton LU1 3AN
T: 01582 876090

Central House, 73 Alston Drive
Bradwell Abbey
Milton Keynes MK13 9HG
T: 01908 221088

CENTRE POINT FOOD STORE

20 - 21 St Giles High Street
London WC2H 8LN
T: 020 7240 6147

HANG WON HONG

Connaught Building
58 - 60 George Street
Manchester M1 4HF
T: 0161 228 6182

HOO HING

Lockfield Avenue
Off Mollison Avenue
Brimsdown, Enfield
Middsex EN3 7QE
T: 020 8344 9888

Dorma Trading Park, Staffa Road
London E10 7QX
T: 020 8988 6228

Hoo Hing Commercial Centre
Freshwater Rd, Chadwell Heath
Romford, Essex RM8 1RX
T: 020 8548 3677

Bond Road, Off Western Road
Mitcham, Surrey CR4 3EB
T: 020 8687 2633

A406 North Circular Road
nr. Hangar Lane, Park Royal
London NW10 7TN
T: 020 8838 3388
www.hoohing.com

LOON FUNG

1 Glacier Way,
Alperton, Wembley
Middlesex HA0 1HQ
T: 020 8810 8188

SAMSI EXPRESS

126 Maiden Road
New Malden, Surrey KT3 6DD
T 020 8942 9552

Basement of Samsi restaurant
36 - 38 Whitworth Street
Manchester M1 3NR
T: 0161 279 0023
www.samsi.co.uk

SEOUL PLAZA

36 High Street
New Malden, Surrey KT3 4HE
T: 020 8949 4329

91 - 93 Mill Road
Cambridge CB1 2AW
T: 01223 303610

136 Golders Green Road
London NW11 8HB
T: 020 8731 7999

336 Wimborne Road
Winton, Bournemouth BH9 2HH
01202 527177
www.koreafoods.co.uk

WING YIP

375 Nechells Park Rd,
Nechells, Birmingham B7 5NT
T: 0121 327 6618
www.wingyip.co.uk

544 Purley Way,
Croydon, Surrey CR0 4RF
T: 020 8688 4880

395 Edgware Road,
Cricklewood,
London NW2 6LN
T: 020 8450 0422

Oldham Road,
Ancoats, Manchester M4 5HU
T: 0161 832 3215

スタッフ・クレジット

著者：栗原はるみ

日本語訳：Office Miyazaki Inc.

日本語デザイン：Pond inc.

凸版DTP：佐藤まもる

校閲：植村久美

編集：中西真木

協力：木村奈緒美・小田真樹子（ゆとりの空間）

Everyday Harumi
エヴリデイ　ハルミ

栗原はるみ
家族や友人のための日本のおかず

2009年12月1日　初版1刷発行

発行者　久保田榮一

発行所　株式会社　扶桑社

〒105-8070　東京都港区海岸1-15-1

Tel03-5403-8882（編集）　03-5403-8859（販売）

http://www.fusosha.co.jp

Japanese Edition © 2009 by Fusosha

ISBN978-4-594-05944-6

定価はカバーに表示してあります。

落丁・乱丁本は扶桑社販売部宛にお送りください。

送料は小社負担にてお取替えいたします。

無断転載の禁止

本書掲載記事を当社および著作者の承認なしに

無断で転載することを禁じます。

Printed and bound in China

First published in 2009 by Conran Octopus Ltd
a part of Octopus Publishing Group
2–4 Heron Quays, London E14 4JP
www.octopusbooks.co.uk

An Hachette Livre UK Company
www.hachettelivre.co.uk

Text copyright © Harumi Kurihara 2009;
Design and Layout copyright © Conran Octopus 2009;
Photographs copyright © Jason Lowe 2009

The right of Harumi Kurihara to be identified as Author of this Work
has been asserted by her in accordance with the Copyright, Designs and
Patents Act 1988.

All rights reserved. No part of this work may be reproduced, stored in
a retrieval system or transmitted in any form or by any means, electronic,
electrostatic, magnetic tape, mechanical, photocopying, recording or
otherwise, without prior permission in writing of the publisher.

British Cataloguing-in-Publication Data. A catalogue record for this book
is available from the British Library.

Publisher: Lorraine Dickey
Text: Harumi Kurihara and Sue Hudson
Project Coordination: Sue Hudson and FCI London
Managing Editor: Sybella Marlow

Art Direction and Design: Jonathan Christie
Photography: Jason Lowe
Illustrations: Kim Marsland

Production Manager: Katherine Hockley

ISBN 978 1 84091 530 3
Printed and bound in China